让我们一起追寻

出雲と大和

古代国家の原像をたずねて

IZUMO TO YAMATO: KODAI KOKKA NO GENZO O TAZUNETE
By Yasuhiko Murai
©2013 By Yasuhiko Murai
Originally published in 2003 by Iwanami Shoten, Publishers, Tokyo.
This simplified Chinese edition published 2020
by Social Sciences Academic Press, Beijing
by arrangement with Iwanami Shoten, Publishers, Tokyo.

出云与大和

探寻日本古代国家的原貌

[日] 村井康彦 著

吕灵芝 译

社会科学文献出版社

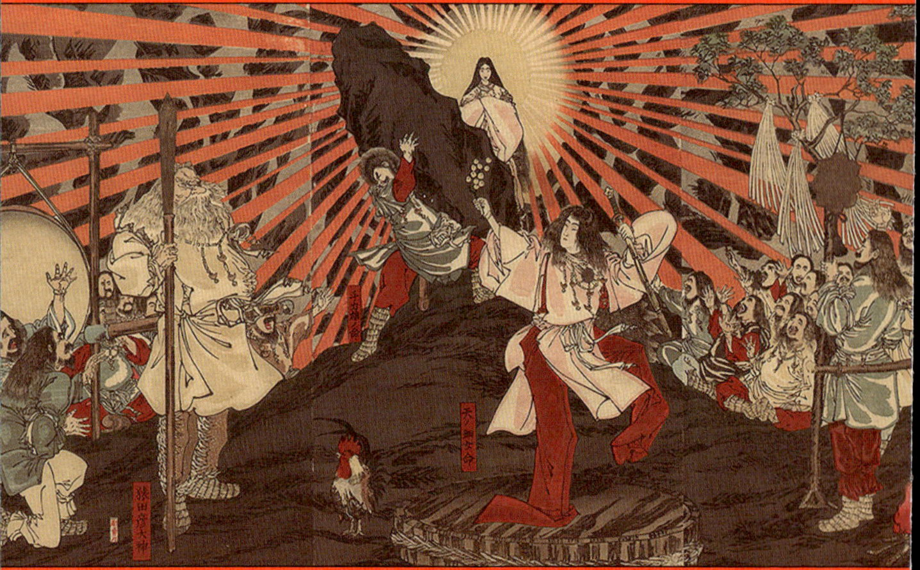

前言——执笔于备中国总社

为何这里祭祀着出云之神？

当时的我，脸上一定是呆愣的表情。

此处是冈山县总社市的总社①宫内，池畔的介绍牌（图1）上这样写道：

总社宫

御祭神　大名持命　须世理姬命

相殿②　备中国内304社8柱大神

总社宫是备中国③的总社，由于存在感格外强烈，还

---

① 指集中祭祀某个地域内所有神祇的神社。——译者注
② 指同时祭祀两位及以上神祇的神社。——译者注
③ 旧国名，相当于现冈山县西部。——译者注

出云与大和

直接被用作了地名。总社宫祭祀的神祇是大名持命（又作大己贵命、大物主命、大国主命等，出云神）及其妻子须世理姬命①。为何是大名持命与须世理姬命？就我所知，这样的神社并不算总社。

图1　总社宫（冈山县总社市）

回溯记忆，我此前至少三次拜访过这个神社，每次应该都看见了池畔的介绍牌，竟全然没有留意。若是寺院，我最先要知道的自然是该寺的本尊，但换作神社，却不知为何总会忘记留意该社所祭之神是什么。恐怕那是因为在非偶像崇拜的神祇信仰世界里，要具体想象出神的形象十分困难。这种说法称不上辩解，而且眼前的

---

① 又称"须势理毗卖""须世理比卖"等。——译者注

问题并不在于这一点。问题在于，为何总社的神竟是大名持命。

我盯着介绍牌，总算理解了这一事态，稍加整理便得出以下两点：

第一，总社本来是指祭祀了众多神祇的神社（具体请参见后文），此处为何以特定的神为祭祀对象？

第二，这个特定的祭祀对象为何是大名持命这个出云神？

两点之间有着密不可分的关系。要理解这两点，首先应该知道总社究竟是什么。

总社是什么？

我自年轻时便以日本王朝时代的地方历史为主要研究对象，因此游历了六十六国[①]的国府和国厅遗迹。镰仓前期，周防国被认定为东大寺的知行国[②]（先承担了东大寺的重建费，后又承担了修理费），因此其国府（防府市，

---

① 本书讲述的"国"是指日本律令制下的地方行政区划名称（令制国），共有六十八处，也有人将"对马"和"壹岐"划分为"岛"，称六十六国。——译者注
② 古代、中世的日本，朝廷将特定令制国的知行权授予大贵族、寺社、武家。拥有知行权的大贵族、寺社、武家被称为知行国主，可以举荐该国的国司、获得该国的税收。——译者注

出云与大和

当然并非原来的国府）一直存续到明治初年，其他国厅都在中世便遭到废绝。废弃的寺院可以凭借基石和瓦片比较容易地确认遗迹所在地，而国厅都是掘立柱①建造并覆盖木片或桧皮片屋顶的建筑，许多国的国厅连具体位置都无法判定。但是附属于国厅的"总社"和"印镒社"在部分国中一直存续至今。关于"印镒社"，通说将"印镒"解释为"印"和"钥匙"，但这种说法有误。"印镒"是指"开关收纳（作为国守权力象征的）国印的唐柜的钥匙"，新、旧国守交接"镒"乃国守更替时的一项重要仪式（『国务条々事』）。这里又让人联想到平将门控制关八州时，各国国守（未经作战）将印镒献于将门表示顺从的事情（『将門記』）。那是10世纪前半期的事情，而在国厅丧失机能的平安末期到镰仓初期，将印镒作为国厅象征，在原址上建社祠予以祭祀的地方就成了印镒社。其后，该名称被讹传为饭役社或院若社等，就失去了原本的意义。中世以后，国衙虽然消失，总社和印镒社依旧存在，其背后存在武家势力的支持，尤其是各国守护的崇敬和援助。

将话题转回日本王朝时代。在这一时代，国守（受领）来到任国时，任初的重要国务之一就是"拜神"，具体来讲就是"巡拜"国内的主要神社。进入平安末期，

---

① 直接挖坑埋柱的建筑方式，没有基石。——译者注

为了省却这个烦琐过程，开始在国衙旁边集中祭祀众神。这就是总社由来的通说。虽然从最终结果来看确实如此，因而这样理解也并无不妥，但这个说法欠缺了一点历史认识，因此有可能遗漏最为关键的一点。

国厅神社——总社的母体

《时范记》中包含了平安末期承德三年（1099）平时范担任因幡守时期的日记，因此是宝贵的"国守（受领）日记"之一。而且其中提到的因幡国（鸟取县）总社，还是"总社"一词最早出现的地方。

根据这部日记的记载，前往任国的国守平时范最初的工作就是马上出发拜神。离开总社的时马上又从近处的宇倍社开始巡拜了各个神社，当天傍晚返回。这些神社都在国厅附近，而远距离的神社则派遣馆侍代为前往，最终完成了任初的国内各社巡拜。

想必聪慧的读者已经发现了。这里（因幡国）虽然有"总社"，平时范依旧进行了"巡拜"。因此将巡拜的废止与总社的建立理解为因果关系就说不通了。正是如此。我带着从《时范记》中得到的疑问出发，最终发现了"国厅神社"的存在及其作用（村井康彦「国庁の系譜——総社とはなにか」『王朝風土記』角川選書、2000

出云与大和

年収録)。

总结其要点就是：国厅最晚在平安初期的9世纪就已拥有某种祭神设施。所谓"国厅里神社"（伯耆国）和"府中神社"（石见国等）皆属此类，而名称中的"国厅里"和"府中"都指国厅内部。我决定将这种设施称为"国厅神社"，并着重研究它的作用。国厅神社每年都会举办各种各样的神事，其中有每月一日清晨举行的朔旦神事，每次都会招请一国众神，对国衙来说是非常重要的神事。设在国厅神社的祭坛平时是个空虚的空间，在神事之时则充满了神明，那不就跟出云（杵筑）大社的"神在月"①一样了吗？出云大社为了迎接各国神明，于正殿左右设有东十九社和西十九社（图2），"神在月"期间，全国众神都会被迎接到这两座细长的建筑物中。国厅神社的祭坛规模虽不及东西十九社，但同样是迎接一国众神之处，也就是所谓的"总座"。顺带一提，肥前国（佐贺县）的国厅遗址附近就存在"总座"这个地名，可以帮助我们理解这个概念。

总社的母体就是用以发挥总座功能的国厅神社，只要条件齐备，哪怕直接被称作总社也毫不奇怪。随着时期的

---

① 日本神明传说中，每年十月，全国八百万神明都会聚集到出云大社，因此在出云以外的地方，十月被称为"神无月"，在出云则被称为"神在月"。——译者注

推移，朔旦神事在国厅神事中占的比重可能越来越大，使得总座进化为总社，这也就成为总社成立的直接契机。为了省去巡拜的麻烦可以说只是后来附加的理由。因此，虽然对外不称呼总社，国厅里神社和府中神社实际上就是总座（即总社）。

图 2　出云大社的东十九社（上）与西十九社（下）

出云与大和

以上便是总社诞生的经过,而现存总社中最能体现其功能的,应该就是多贺城遗址(宫城县多贺城市)上的陆奥国总社(图3)。该总社在鸟居左右列出了国内三十一郡众神的名称,让人真实感受到了总社的样貌。

无论在哪国,总社都不可能只祭祀一位或两位神灵。

图3 陆奥国总社

前言——执笔于备中国总社

祭神的大转换

为配合行文，此前刻意没有提及的一点是，上文提到的备中国总社宫介绍牌上，在列出所祭祀的是大名持命和须世理姬命之后，还注明了"相殿 备中国内304座8柱大神"，其历史介绍中也提到了"每年社大祭合计供奉304社的神馔的古例一直延续至今"。也就是说，这座神社原本是一座不折不扣的总社。然而现在主场交给了大名持命及须世理姬命，成了祭祀新神祇的神社。想必这就是该神社的经历。换言之，在某个时期，备中国的总社所祭祀的神祇发生了大转换。

上文提出的第二个问题点——那个特定的神为何是出云神？这个问题就是关键。重新打量神社境内，我发现正殿旁边是大神神社。这座神社以祭祀大和（奈良县）的三轮山，并称其为神奈备山而知名，其所祭祀的也是出云的大物主神。看来在某个时期，这个地方接纳了出云的大名持命（大国主神）信仰，在将大名持命尊为主神的同时，原来祭祀的神祇，也就是"304座"国内诸神则被排挤到边缘，以"相殿"的形式进行祭祀。如此一来，其匾额之"总社"为何出自出云大社宫司千家尊祀手笔，也就可以理解了。但是在这个转变的过程中，究竟发生了什么呢？

出云与大和

大国主神信仰的扩散

大国主神在民间被亲昵地称呼为大黑大人,其信仰背后,是否存在未曾被关注过的世界呢?是这座神社让我产生了这样的想法。后来调查发现,其他各国也存在祭祀大国主神(大名持命)的总社。这让我不禁悔恨之前因为先入观念而没有去确认总社祭祀的神灵。身为一国祭祀中心的总社,想必在大国主神信仰的扩散中起到了不小的作用。在理解地区的历史和文化时,或许应该更加深入地了解大国主神。备中国总社宫介绍牌上罗列的文字,就对我抛出了这样的课题。如此一来,我就展开了追踪大国主神的旅程。

探寻日本古代史的原貌

本书包含照片在内,记录了追寻大国主神(大名持命、大物主命)和出云众神,前往日本各地的探访之旅的轨迹,也总结了我在这个过程中描绘的古代史的原貌。

但是在旅程中,我做出了一个决定,就是不拘泥于目前的通行学说,而是自由发挥想象。由于对象特殊,我还要时常踏入神话的世界,去思考古代人的思维和行动。那对历史研究者来说，或许是个禁忌的领域。然而神话传承的世界究竟是什么？古今东西，没有哪个民族和地区会没有这样的传承。既然如此，想必就不存在可以完全规避神话传承的古代史吧。不仅如此，在尚不存在文字、只靠口口相传的时代，神话传承就是历史本身。而且也不能忘了，古代人的传承能力远比现代人更强。另外还可以认为，被传承的神话在时间的推移中被剪去了细枝末节，只留下了主干部分。当然，也存在一些因为某种意图而被改变的神话。如果带着这个认知去解读，神话会不会意外坦诚地讲述了真相呢？我希望在这本书中，以严肃的态度去倾听神话的声音。

目　录

序章　三轮山幻想　/　23

　　三轮山与缠向遗迹　/　24

　　古代信仰与祭祀的形态　/　26

　　两个"建国物语"　/　27

　　《日本书纪》的记载　/　30

　　对《古事记》的强烈影响　/　31

　　牵强的《古事记》"建国物语"　/　33

　　为何记述了出云势力的进入？　/　34

第一章　出云王国论　/　37

　　1. 大国主神的分身　/　38

　　2. 追寻磐座祭祀　/　42

　　3. 《出云国风土记》的地政学　/　65

　　4. 寻访四隅突出墓　/　77

目 录

第二章　邪马台国的终结　/　93

1. 漫步北九州岛古代遗迹　/　94
2. 邪马台国在何处？　/　102
3. 邪马台国与大和朝廷　/　113
4. 邪马台国的终结　/　118
5. "神武东征"故事　/　127

第三章　大和王权的确立　/　139

1. 何为"让国"？　/　140
2. 伊势神宫的成立　/　146
3. 出云系诸氏族的动向　/　166
4. 出云系葛城氏的动向　/　183
5. 大和王权与吉备　/　188

第四章　出云国造——荣光与挫折　/　199

1. 国造的世界　/　200
2. 上奏神贺词　/　206
3. 熊野大社　/　213
4. 出云国造的根据地　/　217
5. 出云大社何时创建？　/　225
6. 国造家的历史蒙上阴影　/　234

出云与大和

终章　回到总社 / 245

后　记 / 270

年　表 / 274

索　引 / 279

* 本书使用的《古事记》《日本书纪》《风土记》，部分参考了《日本古典文学全集》一～五册（小学馆，1994～1998）的解释。

图目录

大和周边地图　/　21

三轮山　/　23

最大规模的四隅突出墓
　　（西谷2号墓，岛根县出云市）　/　37

从葛城山眺望樱井方向　/　93

栋持柱（原伊势大江外宫）　/　139

熊野大社（岛根县松江市）　/　199

出云式狛犬（神谷神社旧社址）　/　245

图1　总社宫（冈山县总社市）　/　2

图2　出云大社的东十九社（上）与
　　　西十九社（下）　/　7

图3　陆奥国总社　/　8

图4　缠向遗迹的现场说明会　/　25

图5　出云大神宫与磐座（京都府龟冈市）　/　44

图6　磐船神社的磐座（大阪府交野市）　/　45

出云与大和

图 7　笔者访问过的磐座所在地　／　46

图 8　真名井神社的磐座（京都府宫津市）　／　49

图 9　佛经山与磐座　／　56

图 10　石宫神社的猪岩（岛根县宍道町）　／　58

图 11　熊野大社的磐座（松江市八云町）　59

图 12　矢柜神社遗址的磐座（云南市加茂町）　／　60

图 13　须我神社奥宫的磐座　／　62

图 14　永江山的稚儿岩（安来市伯太町）　／　63

图 15　岩屋神社的镜岩与介绍牌
　　　　（岛根县邑智郡）　／　64

图 16　箭头处为三泽的泉水（岛根县木次町）　／　67

图 17　远眺木次、三刀屋一带　／　69

图 18　从佛经山眺望的风景
　　　　（箭头处为出云大社）　／　71

图 19　桦山（朝山六神山之一）　／　74

图 20　笔者寻访过的四隅突出墓　／　79

图 21　西谷 2 号墓（岛根县出云市）　／　80

图 22　妻木晚田遗迹（鸟取县米子市、大山町）　／　81

图 23　宫山 4 号墓（岛根县安来市）　／　81

图 24　矢谷 1 号墓（广岛县三次市）　／　81

图 25　小羽山 30 号墓（福井县福井市）　／　82

图 26　赤坂今井方形墓（京丹后市峰山町）　／　83

图 27　权现山古坟地形测量图　／　85

图 28　原之辻遗迹　／　95

图目录

图 29　平原遗迹（福冈县丝岛市）　/　100
图 30　吉野里遗迹，内有大规模的
　　　　弥生环濠集落遗迹　/　101
图 31　唐古-键遗迹　/　107
图 32　邪马台国的四官　/　111
图 33　从龙王山远眺大和盆地
　　　　（现在的田原本町）　/　114
图 34　上鸟见的镇守神社：伊奘诺神社
　　　　（奈良县生驹市）　/　134
图 35　下鸟见的镇守神社：登弥神社（奈良市）　/　134
图 36　中鸟见的镇守神社：
　　　　添御县坐神社（奈良市）　/　135
图 37　四处抵抗势力的分布　/　137
图 38　矢田坐久志玉比古神社与杵筑神社的蛇卷　/　145
图 39　镜作坐天照御魂神社（奈良县田原本町）　/　156
图 40　元伊势大江内宫（京都府大江町）　/　159
图 41　河边的朝熊神社（位于林中）　/　162
图 42　以彦火明命（饶速日命）为中心的谱系　/　168
图 43　火明命与出云族的关系　/　170
图 44　《因幡国伊福部臣古志》中谱系　/　174
图 45　高鸭神社　/　177
图 46　鸭都波神社　/　178
图 47　葛城山山麓的秋津遗迹　/　179
图 48　下鸭神社的言社　/　181

17

图 49　言社位置示意图　/　182

图 50　吉备津神社　/　195

图 51　鬼城　/　196

图 52　楯筑遗迹　/　196

图 53　出云国厅遗址和神奈备野（山）　/　203

图 54　国造家馆遗址和站在馆址
　　　　眺望出云国厅遗址的风景　/　204

图 55　伽夜奈流美神社（上）与
　　　　川俣神社（宇奈提）（下）　/　212

图 56　《出云国风土记》关联图　/　218

图 57　出云国造据点"建部"周边图　/　224

图 58　出云大社（2009 年 5 月，
　　　　正殿特别参观日）　/　225

图 59　本牟智和气御子与建皇子　/　229

图 60　齐明陵（越智岗上陵）　/　230

图 61　牵午子冢古坟及其内部　/　231

图 62　熊野大社的钻火殿　/　243

图 63　石上布都魂神社（冈山县赤磐市）　/　247

图 64　国司神社（中山神社内）　/　248

图 65　笔者巡访过的国司神社（1）　/　249

图 66　国主神社与国司神社　/　250

图 67　新见市各处的国司神社　/　252

图 68　总社市新本的国司神社　/　253

图 69　新见市石蟹，大本八幡宫内的国司神社　/　253

图目录

图 70　真庭市美甘，美甘神社内的国司神社　／　253

图 71　新庄的御鸭神社　／　254

图 72　宫座山　／　255

图 73　笔者巡访过的国司神社（2）　／　257

图 74　御出祭（平国祭）神幸图　／　258

图 75　气多大社（羽咋市）　／　259

图 76　邑知潟风景　／　259

图 77　能登生国玉比古神社

　　　　（气多本宫，七尾市）　／　259

图 78　大穴持像石神社　／　261

图 79　宿那彦神像石神社　／　261

图 80　龟冈祭中出现的三轮山山车　／　262

图 81　神谷太刀宫的社日　／　265

图 82　神谷太刀宫的磐座　／　266

图 83　甲山（下）及从其山顶眺望的

　　　　美浜湾（↓是出入口）　／　268

图 84　打出之小槌（总社市新本的国司神社）　／　269

表目录

表1 大国主神物语（从大穴牟迟神到大国主神）总结自《古事记》上卷"大国主神"部分 / 29

表2 《魏志·倭人传》中有关日本列岛各国的记载 / 96

表3 倭魏关系年表（卑弥呼三次、壹与一次遣使） / 122

表4 丰锹入姬命与倭姬命的巡行地 / 161

表5 与吉备相关的记述 / 191

表6 出云国造相关年表 / 216

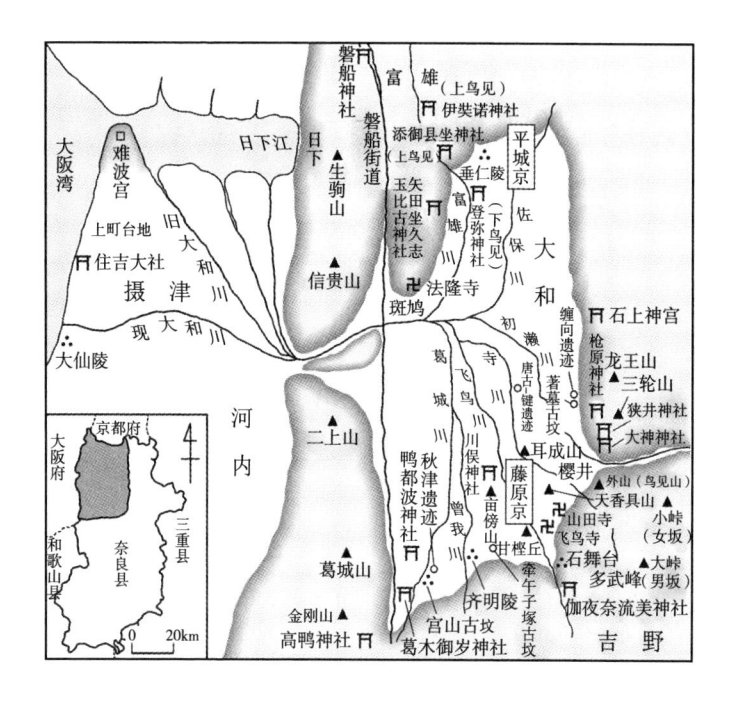

大和周边地图

序章　三轮山幻想

三轮山

出云与大和

三轮山与缠向遗迹

三轮山位于奈良盆地的中央东侧,姿态隽秀。此山西麓的缠向(奈良县樱井市)一带因以前出土过土器及各种文物而闻名,被称为"缠向遗迹"。相传为三轮山神明奉祭者①倭迹迹日百袭姬之墓的箸墓古坟就在附近。箸墓古坟被认为是第一座正式的前方后圆坟,一直以来还被传为卑弥呼之墓。

最近,缠向遗迹的一角发掘出排列整齐的柱穴群。它被认为是3世纪前半期到中期的产物,负责主持发掘工作的樱井市教育委员会认为,此处至少有四栋方向和轴线一致的建筑物连排并立,并推测包含那些建筑物在内,有一个东西长150米、南北长100米左右的居馆区域。这就难怪人们会提出"这会不会是卑弥呼的宫殿遗址"这种猜测了。因为此地早有声名,许多人慕名前往参加这场发掘工作的现场说明会(我也是其中一人)。这场说明会在平成二十一年(2009)三月召开,后于同年秋天又召开了一次,人气更为高涨。

如此一来,缠向遗迹就迅速成为邪马台国位于畿内这

---

① 类似于巫女。三轮山神是大物主,倭迹迹日百袭姬是侍奉他的巫女,也是他的妻子。——译者注

序章 三轮山幻想

一说法的最有力候选地点,各种仿佛已经确定如此的论说也纷纷浮出水面。然而与此同时,认为缠向遗迹成立于邪马台国之后的意见依旧根深蒂固,难以忽视。后来又有报道称,缠向遗迹同一地点又出土了4世纪的建筑遗迹,让我对它与之前那些遗迹的关联性产生了好奇。且不论此处是否为邪马台国的宫阙,究竟是邪马台国与后来的大和朝廷存在直接关联,还是二者彼此独立存在,这个问题也是倭国论的重要课题之一。

缠向遗迹的现场说明会(图4)当天,我身处嘈杂的会场,目光却被遗迹背后三轮山美丽的山脊线吸引了。因为地缘关系,三轮山跟这座遗迹自然有所关联,我自很久以前就对三轮山倍感兴趣并抱有幻想。我认为,理解古代史的关键就在三轮山,若不触及三轮山,就无法谈论日本古代历史。所以我想以这样的思路去描绘以三轮山为初始的日本古代史。

图4 缠向遗迹的现场说明会

出云与大和

古代信仰与祭祀的形态

三轮山麓的大神神社祭祀着大物主神（又作大己贵神、大国主神，这些名称将在文中随时提及），但在一开始想必只是建造了朴素的馆舍进行奉祭。建筑后来经过修缮，渐渐充满威仪感，但那仅限于拜殿等设施。直至今日，这座神社都没有祭祀神祇的馆舍（正殿）。之所以没有正殿，是因为这座神社以三轮山本身为神体山进行祭拜，也就是承袭了神奈备山信仰的内涵，并在此之上重叠了大物主神这一人格神进行祭祀。一般神社都会在事先准备好的建筑物中迎接神明（或是迎接神明时准备一座建筑物），两者的祭祀方式存在不同。因此，祭祀大物主神的三轮山在起初应该全山都是禁区（现在部分山区允许进入）。而且，这座山中还有信奉巨石中有神灵寄宿的磐座信仰，大物主神便是山顶的奥津磐座。当人们来到山顶，看到眼前那片巨石群时，应该就能理解磐座信仰究竟是何物了。

出于这种理由，这里有着神奈备山信仰和磐座信仰这样的自然信仰，还跟人格神的信仰重叠在一起。大物主神何时被祭祀于三轮山当然尚不明确，但我认为可以一直回溯到弥生时代早期。在众多神社都拥有社殿（正殿、拜殿等）这些祭祀设施的情况下，大神神社却直到现在都没有正殿，这不仅显示了其历史悠久，而且是这座神社保留着更为古老的祭祀及信仰的最佳佐证。

顺带提一下，要爬上三轮山参拜，需要先在大神神社的摄社①——狭井神社领取作为入山许可的绶带（山中禁止摄影）。在山中不会迷路，不过临近山腰的中津磐座有一段让心脏吃不消的陡坡，爬上去就离山顶不远了。山顶的奥津磐座是必须要看看的史迹。普通脚力的人大约两小时就能走个来回。

两个"建国物语"

大神神社之所以备受瞩目，不仅因为它的祭祀形式，还因为所祭祀的大物主神是出云神，而且这位神祇还占据了出云神话的核心位置。

《古事记》和《日本书纪》都记载了在三轮山（又称御诸山、三诸山）祭祀大物主神的经过，但两者记述内容差异很大，对比之下能够看出一些特征，故此处不顾烦

---

① 附属于本社，祭祀与本社主神关系密切的神祇的神社。——译者注

出云与大和

琐，将两者概要记录如下。

首先《古事记》（上卷）记载了以因幡素（白）兔为开端的一连串大国主神故事——下文将称其为"大国主神物语"（表1）。其要点将在下页列出，其中就有大国主神与少名毗古那神的建国故事。一开始，神产巢日神之子少名毗古那神（少彦名神。以下神名遵从引用资料的表述）奉命与苇原色许男命（大物主命）成为兄弟，创建国家并与之坚守。于是他与大穴牟迟神①共同建国。后来少名毗古那神前往常世国②，大国主神就望洋兴叹："吾独何能得作此国，孰神与吾能相作此国耶。"此时海上泛起光芒，有神走过来说："能治我前者，吾能共与相作成。若不然者，国难成。"于是大国主神答应那位神，将他祭祀在"倭之青垣东山上"。这就是坐御诸山（三轮山）上的神。③

故事里没有标明自海而来的神的名称，不过从最后"坐御诸山上的神"这一表述可以判断，那就是大神神社祭祀的大物主神。

---

① 大国主神的别称之一。——译者注
② 位于海的彼岸的理想国，一说代表死后的世界。——译者注
③ 本段引用部分摘自《古事记·大国主神》。原著在引用时将其译为现代日语，而《古事记》《日本书纪》原文为简明汉语文言，故改为直接引用，下同。——译者注

序章　三轮山幻想

表1　大国主神物语（从大穴牟迟神到大国主神）总结自《古事记》上卷"大国主神"部分

前往稻羽国（因幡国）	为兄弟八十神背负行李，共同踏上向八上比卖求婚的旅程
气多岬（因幡素兔）	救助从隐岐岛渡海而来、被剥了皮的白兔。此时白兔预言他将与八上比卖结婚
八上比卖	因幡国的八上比卖选择与大穴牟迟神结婚
八十神之怒	没有得到八上比卖的八十神出于嫉妒将他两次杀死，而后他两次复活
根之坚州国	在纪国大屋毗古神的指示下，逃往须佐之男命所在的根之坚州国
须势理毗卖	来到根之坚州国后，大穴牟迟神与须佐之男命的女儿须势理毗卖结婚
须佐之男命（考验）	须佐之男命给出各种考验，大穴牟迟神都在须势理毗卖的帮助下过关
须佐之男命的祝福	大穴牟迟神带须势理毗卖逃出根之坚州国，须佐之男命认可他成为大国主神
击退八十神	使用须佐之男命的生大刀、生弓矢击败八十神，开始建国
与八上比卖结婚	按照约定与八上比卖结婚，将她带到出云。但八上比卖因恐惧须势理毗卖而回到因幡国
高志的沼河比卖	成为武力神通的八千矛神，与边境越（高志）之国的沼河比卖结婚
须势理毗卖的嫉妒	成为大国主神后，由于妻子强烈的嫉妒心，他欲迁往大和，但妻子出面寻求和解，最终留在出云
大国主神的谱系	成为苇原中国的王，在国中拥有众多妻儿
大国主神建国	大穴牟迟与少名毗古那两位神共同建国

出云与大和

《日本书纪》的记载

《日本书纪》（神代上第八段一书第六）最初列举了大己贵神的别名和子嗣数量，然后讲述大己贵命与少彦名命合力治理天下，为世上人民和家畜定疾病治疗之法，为祛除鸟兽、昆虫灾害而定咒术之法。由此，万民百姓至今仍受其恩惠。此外又提到大己贵命询问少彦名命"吾等所造之国，岂谓善成之乎"，少彦名命回答道"或有所成，或有不成"，书中评论这段对话"盖有幽深之致焉"（含有深远的哲理）。可是其后不久，少彦名命就去了常世国。

然后大己贵命独自建国，自诩道："今理此国[①]，唯吾一身而已。"此时有神光照海，忽然有浮来者告诫道："如吾不在者，汝何能平此国乎。由吾在故，汝得建其大造之绩矣。"大己贵命问："然则汝是谁耶。"对方答道："吾是汝之幸魂奇魂也。"

这里简单介绍一下幸魂和奇魂。相传神的灵魂有带来幸福和发挥神奇力量的作用。浮海而来的神是指发挥这两种作用的主体，也就是大己贵命自身，大己贵命不得不以

[①] 苇原中国。——译者注

一己之力治理国土，其自身便是最大的合作者。也就是说，他意识到了自己应该做的事情。

那个神自称是他的幸魂奇魂后，大己贵命说："唯然。乃知汝是吾之幸魂奇魂。今欲何处住耶。"神回答："吾欲往于日本国之三诸山。"于是大己贵命就在大和的三诸山（三轮山）建造宫殿，让那个神住下了。这便是大三轮之神。此后，《日本书纪》还讲述了大己贵命在出云国的五十狭狭浜与少彦名命初次见面的经过，此处省略。①

对《古事记》的强烈影响

以上就是大己贵命或与少彦名命合作，或以一己之力完成的"建国物语"梗概。光是梳理文脉就能看出，《日本书纪》的内容远比《古事记》丰富，故事性也更强。比如认为少彦名命的发言"盖有幽深之致焉"的哲理性评价，以及通过提出"幸魂奇魂"概念让故事更有深度，这些都是《古事记》里没有的特色。不仅如此，《日本书纪》还赞叹大己贵命的建国让万民百姓直到现在仍能享受其恩惠。尽管这并非正文，而是"一书"②

---

① 本节引用部分皆摘自《日本书纪·神代上》。——译者注
② 《日本书纪》在正文之下会记录其他版本的说法，以"一书"开头，故在学术上将这些部分称为"一书"部分。——译者注

出云与大和

的记述，但这样的认识可以说超越了《日本书纪》的立场。

《日本书纪》（"神代"部分）没有记载任何类似《古事记》中因幡白兔这样的大国主神周边逸事，只摘取了大国主神事迹中"建国"这一项。对成为新统治者的大和朝廷来说，大国主神在此之前的建国绝非与自己毫无关系。大和朝廷为了解释以国内统一为大前提的"让国"，首先要讲述大国主神的"建国"，这是不可或缺的一个步骤。在这个意义上，《古事记》和《日本书纪》都在"建国物语"的最后讲述了将海上浮来之神，也就是大国主神自身祭祀在大和三轮山的情节，这点极具象征意义。因为这是大国主神，亦即出云势力进入大和，最终完成苇原中国统治的证明。

如此分析下来，可以认为《日本书纪》的编纂者们准确认识了"让国"之前的情况，并将其编纂成上文提到的"建国物语"那般明确的叙述。而且不带任何先入观念地阅读这个"建国物语"，似乎还能读出对大国主神的敬意。可见这应该是理解《日本书纪》时不可忽视的一个方面。

最终以三轮山为结局的"建国物语"带有能够改变我们对《日本书纪》看法的力量，但值得注意的是它对《古事记》产生了重大影响的事实。

序章　三轮山幻想

牵强的《古事记》"建国物语"

我很早以前就觉得《古事记》中大国主神与少彦名神的"建国物语"开始得唐突而不自然，心里一直带有这个疑问。

《古事记》上卷（"大国主神物语"）记载，大国主神开始"建国"是在击退了兄弟神的阻挠之后，但是没有特别提及"建国"之后的事。而且临近结尾，在大国主神因为与其他女性结婚而使得正妻须世理姬[①]心生嫉妒的故事中，说他为了躲避妒妇，"自出云将上坐倭国"，后来须世理姬改变心意，并作歌称赞丈夫："八千矛神命，吾之大国主……吾既为女，除汝无夫。"这点很值得注意，因为下一章将详细论及"大国主神"是大己贵命完成建国后使用的称呼，而自出云将上坐"倭国"的表述，也暗示了大国主神已经完成对倭国（以大和为首的苇原中国）的统治。换言之，此时大国主神的"建国物语"应该已经完结了。须世理姬这篇故事之后，还像附录一般记载了"大国主神的谱系"，这也充分提示了《古事记》的"大国主神物语"到此结束。

[①] 即须势理毗卖。——译者注

出云与大和

可是在"附录"之后,应该已经完结的大国主神"建国物语",却又以他与少彦名神合作完成的面目重新登场了。不得不说,这部分在"大国主神物语"中非常不自然,似乎并非一开始就有的,而是带有强烈的后期添加上去的感觉。

换言之,这或许意味着《古事记》故事的形成存在时间差。可以想到的可能性是:《古事记》受到前文所述的《日本书纪》"一书"记述影响,"后来补上"了同类故事。考虑到《古事记》的编纂者太安万侣也是《日本书纪》的编纂者之一,可以认为两书的材料是通过太安万侣这个中介实现了融通与分用,然而这里所提的事例应该不能算在其中。如果是在两书同时进行编纂的时期,这个部分则应该被编入正文,而不会变成"补充"的形式。由此可见,这个部分可能是后世补充的。众所周知,《古事记》可确认的存在时期是中世以后,这个事例或许能成为《古事记》在那个期间发生"变化"的重要提示。

为何记述了出云势力的进入?

前文围绕大国主神和少彦名神的"建国物语"进行了考察,最后总结这个物语的要点如下:大国主神在少彦名神的协助下完成了"建国",并借由自出云之海浮来的

序章　三轮山幻想

神这一形式，实现了将大国主神祭祀在大和三轮山的行动。这段记述用以表明三轮山的神与出云的大国主神为同一神，为后面的故事中三轮山之神的登场埋下了伏笔，创造了条件。

《古事记》和《日本书纪》的编纂是天武天皇时期律令国家体制加速形成的过程中开展的一大国家事业，承担了将大和朝廷历史传承后世的重任。在这样一本书里记述了天皇势力以前，出云势力进入大和的事实，其意义值得充分考虑。

此时应该重新确认一个事实，即三轮山不仅因出云之神而在神话中大放异彩，同时也与真实的历史事件相关，直至今日仍被人们供奉。我认为是时候有必要对出云势力的存在及其事迹进行彻底而谦虚的再审视与再评价了。

第一章 出云王国论

最大规模的四隅突出墓（西谷2号墓，岛根县出云市）

出云与大和

1. 大国主神的分身

拥有六个名称的大国主神

记纪①神话提及大国主神时,最让人困惑的就是文中时常毫无征兆地出现其"异名别称",而且还会再三反转。比如:

大国主神前往须佐之男命所在的根之坚州国与其女须世理毗卖结婚时,须佐之男命一见<u>大穴牟迟神</u>就说:"此者,谓之<u>苇原色许男</u>。"② <u>大国主神</u>带须世理毗卖逃走时,须佐之男命对大穴牟迟神说:"其汝所持之生大刀、生弓矢以而,汝庶兄弟者,追伏坂之御尾,亦追拨河之濑而,意礼为<u>大国主神</u>,亦为<u>宇都志国玉神</u>而……于高天原,冰椽多迦斯理而居。是奴也。"(《古事记》)如此一来,大穴牟迟神才开始建国。

从故事脉络来看,首先大国主神是大穴牟迟神,而这个大穴牟迟神又被唤作苇原色许男。苇原色许男应该是指苇原中国最为勇猛的男人。于是须佐之男命就让苇原色许

---

① 《古事记》与《日本书纪》的合称。——译者注
② 引文中的专名号、着重号、括号及括号中的内容均为本书作者所加,后文不再特别说明。——译者注

男（＝大穴牟迟神）发挥自己的力量，将自因幡素（白）兔一事以来一直迫害大国主神的兄弟们赶走，成为大国主神，成为宇都志国玉神。所谓宇都志国玉神，应该是指拥有灵威，可统治宇都（utsushi）（＝现实世界）的神。这个神名亦可表述为"显国玉神"。

一段经过概括处理的文字就已经有如此高频率的同神别名登场。这还只是其中一例，其实在日本神话中，并不存在像大国主神这般拥有众多异名的神。异名的数量当然反映了神的多样个性，也反映了基于这些多样个性而展现出的多样性。因此，就算是记述了无数神明的《古事记》和《日本书纪》，针对大国主神也都列出了他的异名别称。我们也应该在这个基础上，将脑中的认识做一个整理。此处完整地截取一段《日本书纪》（"神代"第八段一书第六）的记述：

> 大国主神，亦名大物主神，亦号国作大己贵命，亦曰苇原丑男，亦曰八千戈神，亦曰大国玉神，亦曰显国玉神。

可见，大国主神的"亦名"（别名、异称）至少有六个。

其中，"八千戈（矛）神"是征服高志（越）国，与沼河比卖结婚时的名称，想必是指拥有众多武器和强大武力的神。"苇原丑男"如上文所述，是须佐之男命认可的苇原中国最为勇猛的神。此二神都与武威相关。"显国玉神"与上文提到的"宇都志国玉神"相同，是指拥有灵威统治现世之国的神；"大国玉神"也指以国家为主体的拥有灵威的神。此二神与上文的武威二神对应，是与灵威相关的神。

大物主神——三轮山之神

在大国主神的异名中，最为独立存在的便是"大物主神"。序章已经提到，自出云之海浮来的神实际是大己贵神的幸魂、奇魂，在其要求之下，大己贵神将他祭祀在大和的三轮山，奉为大神神社的神祇，并冠以大物主神之名。因为成了三轮山之主，他才改变了姓名。若大国主神指大国之主，那么大物主神则是万物之主、司掌森罗万象之神，或许可称为超越大国主神的神明。

三轮山信仰的根基，是自古传承的神奈备山信仰和磐座信仰，这些都属于自然信仰。当作为人格神的大己贵神被奉祭在三轮山之时，究竟发生了什么呢？其实是人格神被自然信仰的世界所接纳，从而发生了变化。可以说，大物主神就是大己贵神（=大国主神）变身为自然神之后的姿态。这就是三轮山所拥有的强大力量。而且大神神社即使在进入社殿祭祀时代，依旧没有改变其不具备正殿的自然祭祀形式。这正是大物主神之名一直都只属于三轮山之神的缘由。

大己贵神——建国的分身

异名的众神分担了大国主神的工作，可以说是他的分身。其中承担了最重要工作的，应该就是"大己贵神"。虽然这一名称有大穴牟迟、大穴持、大名持等不同表述，此处统一使用最为常用的大己贵神（命）。

大己贵神之所以受到重视，是因为上文引用的大国主神别名中，唯独此神被冠以"国作"一语，可见建国是该神不可分割的属性。《出云国风土记》一概将其表述为"所造天下大神""所造天下大穴持神"，将他定义为"造天下"的大神。"建国"与"造天下"虽然存在语感上的细微差别，但同样是指创造国土（苇原中国）的神。时常可见将"建国"限定为出云一国的看法，但那并非正确的理解。

大己贵神是建国、造天下，也就是创造苇原中国的神，在大己贵神完成国土创造之时，登场的就是大国主神。大国主神，神如其名，乃大国之主，苇原中国之主。如果说负责国土创造过程的是大己贵神，在他完成国土创造的结果之后，成为国土之主的便是大国主神——这样想就更好理解了。因此，大己贵神和大国主神可说是二名一

出云与大和

体的神。而在大己贵神创造的国土将大和国纳入并宣告完成之时，大己贵神的灵魂被奉祭在三轮山，并被称呼为大物主神——如此一来，在大物主神加入后，三神真正成为异名同体、三位一体之神。虽然分身众多，但唯独此三神是出云神话的主要角色。这也是出云神话的国土创造与这三神息息相关的理由。

大国主神建国的实质

上文之所以提及大国主神的"亦名"（异名），也就是其分身，主要是为了提前阐明记纪神话中烦琐的神明性格和作用。在此过程中可以看到，这些神名组成的出云势力一直遍及大和与北陆，这就是大国主神（大己贵神）建国的实质与意义。出云神话的核心就在这里，因此当大己贵神之灵（幸魂、奇魂）被奉祭在三轮山上，就代表着建国完成，神话也就此完结了。

2. 追寻磐座祭祀

寻访大国主神的足迹

大国主神的建国神话始于出云，及至大和而告完成。那么，是否能在出云与大和之间寻觅到一些踪迹呢？

第一章　出云王国论

线索同样存在于三轮山。自从奉祭大己贵神的幸魂、奇魂，直至今日都从未改变过——也就是说，这里的神话和历史从未断绝，神话与历史融为一体的祭祀与信仰形态（即"磐座信仰"），可以说直接体现了出云系统的祭祀与信仰。因此，磐座信仰的传播途径一定就在出云与大和之间。

出云大神宫——丹波国出云

这个问题的答案就在丹波龟冈（京都府龟冈市）的出云大神宫（图5）。

吉田兼好的《徒然草》（第二三六段）有一段以"丹波国出云，朝廷迁大社于此，建筑巍峨"为开篇的文章。这段讲述了神前摆设的狮子、狛犬的故事，说的是上人[①]对狮子、狛犬相背而立的情景感慨良深，但那实际上只是顽童胡闹所为，可笑上人空流感慨之泪。这段文字被收入日本初中或高中的国语教科书，想必一些读者还有印象。文中说的"丹波国出云"，就是指出云大神宫。

社传有云：奈良时代的和铜二年（709），前一年就任丹波守的大神朝臣狛麻吕修缮了出云大神宫。从大神这个姓来推测，他应该是出于大神神社的神主氏族的立场参与了此次修缮，而大神神社自古保留磐座信仰，因此可以认为，狛麻

---

① 圣海上人，传未详。——译者注

出云与大和

图5　出云大神宫与磐座（京都府龟冈市）

吕是在此基础上进行了社殿的修缮。直至今日，其秀丽山峦脚下依旧留有巨石，前方修建社殿，传承着磐座祭祀的形态。这里被称为"元出云"一事也值得留意，但那恐怕是因为丹波有"元伊势"的地名才产生的称呼，应该是源于古代祭祀及信仰传承下来的自豪感。这里祭祀的不是大物主神，而是大国主神，这或许也是基于大神一族的见识与考虑而定的。

磐船神社——典型的磐座祭祀和信仰

从大和通往河内（大阪府）的磐船街道自古就是两

第一章　出云王国论

国之间的枢纽，它的名称来源于道旁的磐船神社（交野市私市）（图6）。在这座神社，我们能窥见更为本源的磐座祭祀与信仰的形态。这里的磐座犹如巨大的鳐鱼将两翼伸展到最大限度，让路过之人无不产生被压倒的感觉。然而只要将视角稍微向旁边移动，其姿态就会发生改变，我感觉它如同鲸鱼，也有人感觉它如同鹌鹑。而《日本书纪》则将它视作船首高扬前进的大船，认为它是饶速日命从高天原降落大和时乘坐的"天磐船"，并向其祭祀。其前方设有与磐座相接的小祠（拜殿），结合周围的氛围，都能看到可回溯到日本绳文、弥生时代的磐座祭祀与信仰的形态。磐座背后的山中，巨岩奇石层层叠叠，令人如入异界。此山还有"石窟巡游"（称作穿行更为合适），我走过一回，出来的瞬间，有重获新生之感。

图6　磐船神社的磐座（大阪府交野市）

出云与大和

与出云的深层关联

这座磐船神社还是跟出云有着很深关联的遗迹。我希望以该社所祭之神的名称为线索来阐明这种想法的理由和根据（图7）。在探讨神名相关的传说时，一不小心可能被迷雾笼罩，不过我认为，神话的姿态也会从那个迷雾中显现出来。

①三轮山（奈良县樱井市）第23页
②磐船神社（大阪府交野市）第45页
③出云大神宫（京都府龟冈市）第43页
④笼神社奥宫（京都府宫津市）第49页
⑤石上布都魂神社奥宫（冈山县赤盘市）第247页
⑥宫座山（冈山县新庄村）第255页
⑦永江山（岛根县伯太郡）第63页
⑧熊野大社元宫（岛根县松江市）第199页
⑨须我神社奥宫（岛根县大东町）第62页
⑩大船山（岛根县平田市）第58页

⑪石宫神社（岛根县宍道町）第58页
⑫佛经山（岛根县斐川町）第56页
⑬矢柜神社遗址、金鸡岩（岛根县加茂町）第60页
⑭琴引山（岛根县饭南町）第57页
⑮岩屋神社（岛根县邑南町）第64页
⑯神谷太刀宫（京都府京丹后市）第265页

图7　笔者访问过的磐座所在地

第一章　出云王国论

磐船神社的介绍牌上注明了该社所祭祀的神祇：

天照国照彦天火明奇玉饶速日尊

如此长的神名本身就很少见，正因为少见，才印象深刻，我记得曾在丹后（京都府）笼神社传承下来的《堪注系图》中见过。笼神社的《系图》带有注释，注释与《系图》本身都在昭和五十一年（1976）被认定为国宝，是备受学界瞩目的珍贵的古代史料。我马上拿出来查看，果然有这个名称。在笼神社所祭祀的彦火明命的众多"亦名"中有"天照国照彦天火明栉玉饶速日命"一名。除了"奇"与"栉"、"尊"与"命"的用字不同，其表述意义可谓完全相同。从其他"亦名"的记载来看，还可以得知这是融合了"天照国照彦天火明（命）"与"栉玉饶速日命"两神名的产物。

这一长长的名称在《先代旧事本纪》（卷三《天神本纪》、卷五《天孙本纪》）中以饶速日命之名登场，文中表述为"天照国照彦天火明栉玉饶速日尊"。三者在使用"奇""栉"与"尊""命"时皆有不同，但应该没有特别值得探讨之处。不管怎么说，每当我见到较长的名称表述时都不免会想到《堪注系图》，并因此明确了磐船神社与笼神社的关联，可谓意义重大。

出云与大和

磐船神社（河内）与笼神社（丹后）

根据丹后笼神社的祝部①，同时也是丹后国造的海部氏的《系图》记载，彦火明命是海部氏的"始祖"。《堪注系图》称，彦火明命乘天磐船在丹后国升空，降落在河内国，其后迁至大和国鸟见白辻山，娶登美彦的妹妹登美姬为妻，生下可美真手命（物部氏的祖先神）。跟《日本书纪》的记述一样，笼神社也以天磐船传说而闻名。但是《日本书纪》中的内容是天磐船直接降落到大和国，此处则多出了先降落到河内国的内容。既然是河内国，那么天磐船降落的地点无疑就是磐船神社了。

关于饶速日命，根据《古事记》记载，他是神武东征之际，与敌将美登毗古（长髓彦）之妹结婚的天神，后向神武献上神宝表示顺服。《日本书纪》则记载他是天神御子，乘天磐船先于神武降落大和，在征讨长髓彦之后归顺了神武。无论是天磐船还是结婚，从这些类似记述可以认为，海部氏的始祖"彦火明命"与记纪记载的"饶速日命"为同一神。所以磐船神社将二神合并祭祀。顺

---

① 又称"祝"或"祝子"，是日本神道中侍奉神明之人的总称。——译者注

带一提,《先代旧事本纪》中还提到天照国照彦天火明栉玉饶速日尊是尾张氏之祖,《新撰姓氏录》中也记载尾张氏为"火明命之后",所以海部氏与尾张氏为同族。关于共享祖神的古代氏族的同族意识,将在第三章进行论述。

联结大和与丹后的笼神社

那么笼神社也有磐座吗?我带着这个想法展开调查,果然在笼神社奥宫的真名井神社境内发现了氛围庄严而神圣的磐座(图8)。磐座之上有盘根错节的古木,可见其历史悠久。境内还有祭祀其他神明的磐座,是个典型的磐座祭祀与信仰之地。笼神社目前在别处另有恢宏的社殿,但一直延续着以磐座为母体的古老祭祀与信仰历史。

图8 真名井神社的磐座(京都府宫津市)

出云与大和

通过河内的磐船神社,可以看到丹波(后分为丹波、丹后、但马三国)与大和之间曾经存在的磐座祭祀与信仰的联系。问题在于,这些为何跟出云有关系。

笼神社的传说也提供了这个问题的答案。

上贺茂神社祭祀的也是出云系的神祇

根据笼神社的社传记载,上文提到的海部氏密传有云:上贺茂神社(贺茂别雷神社,京都市北区)祭祀的是彦火明命——贺茂别雷神的异名同神。而大和葛城的高鸭神社(奈良县御所市)祭祀的是大国主神之子阿迟须枳高日子根命(亦称迦毛大御神),是最为正统的出云系神祇。从这一点来考虑,上贺茂神社祭祀的别雷神本来也属于出云系(该社并不存在这样的记述)。如此一来,与别雷神为同一神的海部氏所祭祀的彦火明命自然也成了出云系神祇。以笼神社的记录为线索,大和的大神神社及大和葛城的高鸭神社—山城的上贺茂神社—丹波的出云大神宫及丹后的笼神社这条祭祀出云系众神的神社链就明晰起来了。

关于神名的联系将在第三章详述,以上结论或许与一般的理解存在很大差异。但这是从众神谱系中整理出来的自然归结,不可一概将其斥为荒诞无稽之说。

从丹后起飞的天磐船起到了重新发现各地出云系众

神,并将他们联系在一起的作用,同时也明确了出云系众神特有的磐座祭祀与信仰的传播途径。

磐座祭祀与信仰的背景——制铁

我造访了许多祭祀出云系神祇的神社,并在其中发现了磐座祭祀与信仰。磐座信仰主要基于人们对山中遇到的巨岩奇石产生的畏惧,他们相信那些是神明寄宿的岩石,将其称为磐座加以祭祀。日本列岛各地可以发现大量这样的信仰,并不仅限于出云系神祇的信仰圈。因此,在其他地区存在磐座也并非不可思议。尽管如此,我依旧把磐座当作出云系众神世界的象征,这是因为我认为磐座信仰本身存在独特的背景。简单来说,磐座的发现与出云一族大规模开采矿山,尤其是生产铁器的工作紧密相关。工人们在山中寻找矿脉时,对途中遇到的巨大岩石和奇怪巨石产生了特殊的想法,这应该就是这一信仰的开端。再看大和,三轮山麓至今仍留有"金屋""穴师"这种跟制铁相关的地名,御所市的"葛木御岁神社"(亦称中鸭社)后山祭祀着磐座,那里也存在矿脉,而上文提到的高鸭神社(亦称上鸭社)的神域就在矿脉之上。出云国内的情况将在后文提及,但是从制铁占据"建国"核心这一事实来看,出云系神祇与磐座祭祀和信仰的关系可以说是最为本质的东西。

出云与大和

朝熊神社——伊势的出云系神社

关于磐座祭祀与信仰，有一点希望各位了解。在所谓的"让国"之前，大约在伊势国（三重县）朝熊山麓，也就是现在的宇治山田一带存在过祭祀出云系神祇的神社，其神体就是"石"，即磐座。突然看到这段话，可能会有人感到唐突，不过镰仓时代成立的神道五部书中，《御镇座传记》和《倭姬命世记》都记载，奉祭天照大神并巡回各地的倭姬命一行进入伊势时，因为在山田原受到人们设宴款待，遂定下了朝野神社的六座：

> 栉玉命一座，御灵石座也。
> 保于止志神一座，御灵石座也。
> 樱大刀神一座，灵花木座也。
> 苔虫神一座，灵石座也。
> 大山祇一座，御灵石座也。
> 朝熊水神一座，灵石座也。

所谓"灵石座"，就是"以灵石为神体"之意，可见是典型的磐座祭祀与信仰。与之相对，伊势神宫的众神都被记述为"灵镜"，即以镜为神体。关于出云系众神进入伊势的过程将另行论述，这里值得注意的是，在伊势之地，以镜为神体的神宫系众神与出云系众神的磐座形成了鲜明对照。而且朝熊神社的众神直到现在都作为伊势神宫的境外社得到祭祀。

再补充一点，此前按照从大和到出云的顺序对磐座祭祀与信仰进行了考察，这只是因为笔者首先选用了身边的事例。既然磐座祭祀与信仰是出云众神的特征，其源流自然是从出云到大和。序章再三提及大己贵神建国成功之时，出云之海上浮来的灵被奉祭在三轮山，希望各位再次确认这个事实及其意义，然后来看下文出云的磐座祭祀与信仰。

石䂖之曾宫——与三轮山比肩的出云磐座

那么，出云是否存在能与大和三轮山比肩的磐座呢？之所以提出这个疑问，是因为我很久以前就对某个跟出云大社（杵筑大社）创建相关的地点很感兴趣。那个地方就是《古事记·垂仁天皇》中，出现在本牟智和气御子故事里的"出云之石䂖之曾宫"。

简单总结《古事记》的记载如下。

垂仁天皇精心养育了本牟智和气御子，可是他成人之后依旧不能言语。天皇终日忧心忡忡，有一天梦见了出云大神（大国主神），告诉他御子之所以不会说话，是因为（"让国"时给出的条件之一）大神宫没有建成与天皇宫殿相同的规模，因此出云大神作祟。于是天皇马上决定派

出云与大和

御子到大神宫参拜。御子来到出云参拜完大神后，于肥河（斐伊川）中（水上）建临时行宫逗留，出云国造之祖岐比佐都美亲手制作饰物接待了御子，彼时御子终于说出了话。因为他去参拜过后，大神的愤怒平息了。

御子当时说了这样的话：

是于河下，如青叶山者，见山非山。若坐出云之石磵之曾宫，苇原色许男大神以伊都玖之祝大廷乎。

这句话是问河下是否为侍奉坐于石磵曾宫的苇原色许男大神（大国主神）的祝（神主）的斋场，其中让人倍感兴趣的，就是这个"出云之石磵之曾宫"。

石磵应该是指岩石阴影处。至于曾宫，"曾"有世界与空间重叠之意，可以理解为自古延续至今的宫殿或多层宫殿，还可以解读为"石磵（这个地方的）曾宫"。其意义或许是"（仿佛）岩石层层叠叠的宫殿"。假设如此，这句话所说的不正是磐座吗？文中所描述的就是社殿出现之前，可能附带有小祠的磐座祭祀这种祭祀形态。照这样理解，显然出云大神（大国主神）在让国之际分明要求建设高大的神殿，最后却没有实现。不过"石磵之曾宫"这种表述在古代人的想象中实属秀逸，正符合被祭祀的顽强的苇原色许男（实为大国主神)的形象。侍奉这位神祇的祝当然就是出云国造之祖岐比佐都美。不管怎么说，那与当初约定的辉煌宫殿恐怕相去甚远。

石碉之曾宫在佛经山山顶

那么，这个磐座（"石碉之曾宫"）究竟在什么地方呢？

接待本牟智和气御子的出云国造之祖岐比佐都美在《出云国风土记·出云郡》中被记为"伎比佐加美高日子命"，祭祀这位神祇的社就叫作"曾支能夜社"（现为曾枳能夜神社）。他镇座的曾支能夜社被认为位于簸川郡（现出云市）斐川町佛经山山顶，因此这座山一直被唤作"神名火山"（也就是神奈备山）。该社现在已迁至佛经山山麓。

如此一来，"石碉之曾宫"这个磐座无疑就在佛经山山顶。带着这个想法，我决定花一天时间到出云（每次都从京都出发），爬到山顶上看看。首先我造访了山麓的人家并说明来意，得到的回答是"山顶有个地方自古就堆满了岩石"，于是马上按照对方告知的路线走了一个多小时山路，最后顺着铁索爬上了一道陡坡，好不容易来到了山顶横陈的巨岩跟前。这正是所谓的磐座（图9）。

被视为主石的巨岩从某个角度看呈现出牛的形状，而

图 9　佛经山与磐座

其后跟着一堆岩块。磐座挂有旧绳，可能被用于某种仪式。其整体形态虽不及三轮山山顶的磐座，但它无疑就是本牟智和气御子可能参拜过的"石硐之曾宫"。我带着这个想法，在山顶度过了一段时间。

这座山之所以被称为佛经山，是因为近世之后，山顶建起了寺坊。于是它曾经身为神奈备山的认知渐渐淡化，连山顶存在磐座一事也被人们忘却了。磐座的现状也呈现出已经完成任务遭到废弃的样子，令人哀叹不已。然而，这也证明了出云确实存在过与三轮山类似的地方。

第一章　出云王国论

在"元出云"之地眺望的风景

从山顶磐座的位置往信号塔方向走下去一些，就来到了能够俯瞰出云平原的地方。从佛经山可以远眺出云大社（参照图18）。在后来迁至杵筑之前，出云大神的灵魂一直寄宿在这座山中，由国造之祖奉祭。换言之，这里就是名副其实的"元出云"。后来我又数次造访出云之地，每次都会仰望佛经山，但想必以后不会再登上去了。正因为如此，当时下山的情景至今仍让我感怀不已。

顺带一提，被迁移到山麓的曾枳能夜神社境内祭祀了一座代替山顶磐座的石神"细石"（さざれ石），这里被用作向出云大社遥拜之地。

琴引山

说到今后可能不会再登上去的山，还有一座琴引山（饭南町顿原）。对于山顶的磐座，《出云国风土记》有记载："山峰有窟。里所造天下大神之御琴。……又在石神。……故云琴引山。"它是自古闻名的云南磐座，又是大国主神相关故事发生的地方，我决心登山一览。当时我带齐装备从京都出发，然而前一天晚上出云一带下了大雪，翌日到达当地时，眼前已是一片银装素裹的世界。

出云与大和

我冒雪穿过滑雪场来到登山口开始向上攀登……然而经过十叠岩之后,登山道变得难以分辨,要在雪中继续攀登非常危险。后来不得已下山,只听得滑雪场传来的音乐格外喧嚣。这件事发生在平成二十三年(2011)十二月十一日。

大船山与石宫神社

《出云国风土记》还记载了许多磐座。比如平田市的大船山(亦称大山)"嵬西在石神,即是阿迟须枳高日子命之后,多伎都比古命之御托",宍道町石宫神社境内的野猪和犬形岩石,相传是大神狩猎时追赶的野猪及驱使的猎犬所化。神社以拜殿之后的犬石为神体,将鸟居两侧的巨石视作两头野猪(图10)。社殿后方的山上随处可见岩石,想必自古就被作为磐座祭祀。

图10 石宫神社的猪岩(岛根县宍道町)

第一章 出云王国论

熊野山

《出云国风土记·意宇郡》还记载:"熊野山……所谓熊野大神之社坐。"这里被认为是现熊野大社的元宫,指的是熊野山(现天狗山)山顶附近的一个磐座(图11)。我参加了每年五月的熊野大社元宫祭,准备前往山顶时却得知那里几天前有熊出没,只好埋头登山以免掉队。磐座所在的山坡下设有斋场,参拜高耸在上的磐座时,我体会到了古代人对于磐座祭祀的感觉。照片是从下方斋场仰视磐座的角度拍摄的。

图11 熊野大社的磐座(松江市八云町)

出云与大和

加茂岩仓遗迹与矢柜神社

另外还有几处《出云国风土记》未记载的磐座。近年,加茂岩仓遗迹(云南市加茂町)因为发现了三十九个呈套叠状态的铜铎[1]而闻名,从岩仓这个名称就能推断这一带曾经存在磐座。果然,遗迹附近就曾有以磐座为神体的矢柜神社(图12)。可以说,这就是不可忽视地名和传说的极佳范例。

图12 矢柜神社遗址的磐座(云南市加茂町)

---

[1] 日本弥生时代特有的祭祀礼器,由青铜铸成,上面多刻有鹿、鸟的图像。——译者注

第一章　出云王国论

矢柜神社（社殿现已不存，仅剩遗址）可以从加茂岩仓遗迹停车场上山寻得，一尊拥有金鸡传说的巨岩坐镇山麓。这也很明显是一处磐座。顺着竹林间的山路攀登三十分钟，经过神社遗址就能看到那座巨岩。将这座巨岩祭祀为磐座的神社名叫矢柜，即存放箭矢的器物之意，而这一带是相传"所造天下之大神"放置神财的神原地区，《出云国风土记》还记载，不远处的屋里乡就是大神射箭之处。在这种地方存在一座巨大磐座，还留下了矢柜这个神社名称，附近又埋藏着众多铜铎。由此可以推测，此地自古就是出云王国的中心地带。这就是这座磐座向我们提示的信息。关于这个地区，将在出云国造论（第四章）中进行详述。

须我神社的巨大磐座

若要列举外表恢宏的磐座，可以看看须我神社（云南市大东町须贺）奥宫的磐座（图13）。相传须佐之男命在此处咏唱了八重垣之歌，因此山路两旁竖立着好几处歌碑。穿过歌碑登上台阶，在还差二三十级就到顶的地点抬头看去，会发现巨岩高悬头上、摇摇欲坠，令人顿生惊恐。可惜照片无法体现那种感觉，但可以说，它在出云众多磐座中属于气势最为恢宏的一座。

出云与大和

图13 须我神社奥宫的磐座

永江山的稚儿岩

最后还想提一下东出云永江山的稚儿岩（安来市伯太町上小竹）（图14）。此岩位于《出云国风土记》的母理乡传说地长江山[①]，是一座屹立于山谷之中、高达二十米的花岗岩。

永江山位于岛根县与鸟取县的交界处，稚儿岩就在两县交界的山顶附近。我本想从下方确认巨岩的大小，无奈被树木阻挡，无法拍摄全貌。站在巨岩之上，能够隔着深谷远眺鸟取的群山和疑似中海的水域。后文将会提到，大穴持命站在此岩之上感慨过了此处便是出云国。实际感受确实如此。

---

① 即永江山。——译者注

第一章　出云王国论

图14　永江山的稚儿岩（安来市伯太町）

岩屋神社的巨石群

《万叶集》卷三收录了生石村主真人的和歌：

生石村主真人歌一首

大汝少彦名，二神居石室，

志都石室中，百代已亡逸。①

真人是奈良时代天平至天平胜宝时期②的下级官员，他的作品可以说是唯一一首歌颂磐座的古代和歌。

---

① 引自《万叶集》，杨烈译，湖南人民出版社，1984，编号355。——译者注
② 即729~757年。——译者注

出云与大和

这首和歌提到的志都石室，被认为是石见国邑知郡岩屋村（岛根县邑智郡邑南町）岩屋神社的巨石群（图15）。这里毗邻广岛县，从江津市出发，沿江之川往广岛方向前进，就能来到神社坐落的弥山。社殿背靠山麓的巨石——镜岩，从那里直到山顶都能看到各种巨岩。体型大者甚至无法完全收入镜头，观者时而仰视，时而从下方穿过，可谓看了一场巨岩的游行。这里且把神社门前的介绍牌的内容借用过来："可能在绳文时代就诞生了巨石信仰，不知何时出云族来到这里，以此处为据点开始治理国土，并确立了大己贵与少彦名二神。"

图15　岩屋神社的镜岩与介绍牌（岛根县邑智郡）

其实弥山对侧山麓还有日本首次发现的四隅突出墓"顺庵原遗迹"。关于这个四隅突出墓将在后文论述，总之它是出云族在此地居住过的最大证据，同时也如实反映了这一地区自古就是铁矿产地，以及上述出云族为寻找铁矿进入山林，从而形成磐座信仰的事实。

这样梳理下来应该可以很容易理解，早在《万叶集》的时代，人们就认识到了大己贵神与磐座信仰的关系。真人的"磐座之歌"着实是珍贵的史料。

3.《出云国风土记》的地政学

眺望出云的古代世界

我一直把自己当作乘上天磐船的饶速日命，四处寻访磐座祭祀与信仰的遗迹，其中最大的收获应该是确认了佛经山山顶存在磐座。接下来，我希望继续从天上眺望出云的"古代世界"。眺望的依据当然是《出云国风土记》。该国风土记在天平五年（733）二月完成，晚于其他国，第四章将提到编纂此记的国造们的考量，这里则要通过《出云国风土记》来讲述出云的地政学。

三泽乡——前往大和之际的斋戒地

有一个地方想首先介绍一下，那就是出云南部仁多郡、斐伊川上游南岸的三泽乡。这一带近来建造了水坝，许多村落和遗迹都被水淹没，使得景观发生了很大改变。

出云与大和

不过幸运的是,我们要找的地方逃脱了被水淹没的命运。在《出云国风土记》中,出云国造为上奏神贺词而出发前往大和朝廷时,曾用此处的泉水沐浴,我们要找的就是泉水涌出的地方,那里也是乡名的由来。这眼泉水的推测地点有好几处,我所前往的是位于木次町尾原(现木次町平田)的"家之上遗迹"泉水。水坝(尾原水坝)下方有个村落,泉水就位于其中一户人家旁边,周围树木繁茂,至今仍有泉水涌出。它被称作"前舞古井"(图16),号称从未枯竭过,而且战国时期附近的三泽城城主也专门到这里来汲取元旦的若水①,以祈祷作战胜利。因此,这里自古就被认为是涌出圣水的泉眼,并得到人们保护。而且民宅门前的水田里还出土了疑为水祭所用的祭器(土马和水晶),可以推测这里正是《出云国风土记》中记载的出云国造的圣地"御泽"。当然,之所以称其为圣水,是因为传说大国主神使用这里的泉水清洁了身体。再次要感谢泉水主人夫妇,在我突然来访的情况下非常爽快地给我引了路。

我之所以强调三泽的这眼泉水,是因为透过泉水能够看到《出云国风土记》的重要意义。

---

① 古时指宫中主水司在立春之日进献给天皇的水,后指元旦清晨汲取的头一道水。——译者注

图16 箭头处为三泽的泉水（岛根县木次町）

作为同时代史、当代史解读

如上文所述，《出云国风土记》中记载了出云国造在这里进行斋戒后前往京都的事情。关于这对国造来说是多么重要的仪式，详情将在第四章进行论述。不可忽视的是：那是《出云国风土记》编纂者（出云国造）们亲身的行动和体验，而那些行动和体验又被写进了《出云国风土记》。换言之，《出云国风土记》讲述的并非遥远过去的传说，而是当时（奈良时代）出云人的同时代记录。一提到风土记，总有人以为那是记录过去传说的东西，但至少《出云国风土记》是毫无疑问的同时代史、当代史。这点绝不可忽略。如此解读下来，也可以理解《出云国风土记》与其他各国风土记的不同、由出云国造们长年累月编纂而成的理由，以及寄托在《出云国风土记》中的思想了。只要能准确理解国造们的当代视角,想必就能把《出云国风土记》直接看作出云的地政学。

来次乡——出云王国的"都城"

确认以上内容后,就要讲到《出云国风土记》最受瞩目的地区,那就是同样位于斐伊川中游的大原郡来次乡一带。

关于来次乡的由来,《出云国风土记》记载,"所造天下大穴持神"也就是大国主神说,"(曾欺负我的那些兄弟)八十神者,不置青垣山里",并将他们一直驱赶到了这里,故称此地为"来次"。另外,现木次町(图17)里方北部的山名为"城名樋山",也拥有"创造国土的大穴持命(即大国主神)为追讨八十神而建城,故名城名樋"的典故。城名樋山正是《古事记·神代》所记载的大穴牟迟神讨伐八十神后开始建国的地点,也是《古事记》的故事在《出云国风土记》中得到了具体化的事例。多数人认为《出云国风土记》里不会出现记纪神话,其实并非如此。《出云国风土记》的编纂者很清楚记纪神话——尤其是《古事记》神话中有三分之一是出云神话——并且以当地视角吸纳了必要的部分。

言归正传,出云国中央山地区域,尤其是来次,正是

第一章　出云王国论

图17　远眺木次、三刀屋一带

大国主神建国的起点，他便是以此为据点，向出云国内，继而向苇原中国迈进。

来次乡周边还留有许多让人联想到战争的地名，比如：

尾里乡——大神射箭的地点；

屋代乡——大神放置靶子并射中的地点。

此外还有下面这样明确体现了大国主神神财的地点和神领的大门位置的地名：

神原乡——大神存放神宝的地方，可以被称为神财之乡的地方；

饭石郡三屋乡——大神领地的御门所在地。

以上地区都处于图56中虚线圈起的范围内，可以将其视作大国主神的大本营。虽然这部分内容体现的不是上文所说的同时代史、当代史，但可以通过人们深层意识的传承，认为这里是出云王国的中枢，也就是"都城"。

出云与大和

自古以来的铁矿主产地

我很早就认为,出云王国的中枢(都城)应该位于象征出云国的斐伊川流域,而上文通过《出云国风土记》推导出来的结论印证了我的想法。斐伊川上游的仁多郡以中国山地①为界,南面与现广岛县(安艺国、备后国)接壤,并且在三处、布势、三泽、横田等几乎每个乡都留有大神传说。《出云国风土记》中记载:"以上诸乡所出铁坚,尤堪造杂具。"可见这片土地的重要性。

说到制铁,与大原郡和仁多郡隔斐伊川相望的西面的饭石郡也在上游一带留有古代制铁的遗迹。可见出云国西部腹地自古便是铁矿的主产地。斐伊川河床较高,因此时常泛滥。通常的解释是制铁活动使沙土沉积在河底。

如此看来,可以认为大原郡、仁多郡、饭石郡这些出云国中央到西部的斐伊川周边地区曾经是大国主神的城寨,也就是重要的战略据点。

神门郡(西部)——水稻种植与大国主神的婚姻故事

只要仔细阅读《出云国风土记》,就能掌握出云国

---

① 指日本中国地区的脊梁山地,包括中国地区最高峰大山、蒜山、三瓶山等山。——译者注

第一章 出云王国论

的地域性，位于出云西部的神门郡（图18）也不例外。

图18 从佛经山眺望的风景（箭头处为出云大社）

神门郡内有被称作神门水海的神西湖，该湖在绳文、弥生时代不断干涸。现在流入宍道湖的斐伊川，在古代也曾流入神门水海。该郡与此前提到的三郡（大原、仁多、饭石）不同，处在平原地区，被认为自弥生时代起就开始种植水稻。

其证据就是八野乡八野神社（图18中白色出云巨蛋附近）周边发现的矢野遗迹（出云市矢野町）。它是该地区最大的弥生遗迹（一直延续到奈良时代），发掘出众多村落和水田的痕迹。神门郡现在依旧坐拥大片出云平原，是神户川等水系注入日本海的地区。这里发掘出吉备的特殊器台和香川县、石川县等地的石材，可见曾经与各个地区进行着广泛交流。

出云与大和

神门郡引人注目的地方不仅仅是这些。根据《出云国风土记》记载，该地区还分布着许多大国主神的婚姻故事。

八野乡——"须佐能袁命御子八野若日女命坐之。尔时，所造天下大神大穴持命，将娶给为而，令造屋给。故云八野。"（二神祭祀于八野神社。）

滑狭乡——"须佐能袁命御子，和加须世理比卖命坐之。尔时，所造天下大神命，娶而通坐时，彼社之前有盘石。其上甚滑也。即诏，滑盘石哉，诏。故云滑狭。"（二神祭祀于那卖佐神社。）

朝山乡——"神魂命御子，真玉着玉之邑日女命坐之。尔时，所造天下大神大穴持命娶给而，每朝通坐。故云朝山。"（二神祭祀于朝山神社。）

须世理姬的住所与大国主神之乡

序章提到大国主神的正妻是须世理姬，因这位女神嫉妒与大神结婚的其他女性，于是大神决定从出云前往大和，最后须世理姬服软，大神才不再离开。根据《出云国风土记》记载，须世理姬的住所就在上文提到的神西湖附近的神门郡滑狭乡。因为传说中须世理姬生产后用神西湖水清洗污秽（产汤）。

假设正妻须世理姬的住所在滑狭乡，大国主神应该也

第一章　出云王国论

住得不远。关于这点比较引人注意的，就是介绍神门郡群山的部分：

吉栗山——天下大神宫材造山也；

宇比多伎山——大神之御屋；

稻积山——大神之稻积①；

稻山——大神之御稻；

桦山——大神之御桦（可能是鞍挂山北边的尖头岩石）；

冠山——大神之御冠（可能是鞍挂山西南部的圆石）。

这些都是和大国主神传说有关的山。尤其是宇比多伎山，普遍认为它是现朝山神社曾经所在的山。如果那是大神之御屋（宫殿），就意味着这整座山是神体山。至于其他的山，应该可以视作地位仅次于它的神山。

一个春日，我来到朝山地区，希望把这些山全都收进镜头。在车子即将拐向朝山神社方向时，我看见前方出现了凸起两个包的山。当时我以为那就是冠山，后来得知是桦山(图19)，从这里到朝山的山峰被称作"朝山六神山"，即上面提到的六座山。② 关于冠山，也有别的说法，认为那是

---

① 即收割下来的稻穗堆积之地。——译者注
② 还有一种说法是"朝山六神山"指阴山、宇比多伎山、稻积山、稻山、桦山、冠山。——译者注

出云与大和

另一座山，不过参考《出云国风土记》的记载，我认为应该将其视为与桦山是同一座山，并且山上另一个山包便是大神的御冠。除六神山以外，周围的群山上也有许多陡峭悬崖，想必自古就是磐座信仰之地，后来才发展成将朝山整体当作神山进行崇拜。朝山地区是被山峦环绕的盆地，受到神户川这条水脉的滋养，因此发展出水稻种植，难怪大神（大国主神）会将这里作为故乡的据点并修建住处。

图 19　桦山（朝山六神山之一）

如此看来，可以认为包含朝山神社在内的地区是大国主神从"山上"下到"乡里"的据点，也是他的生活区域。从那里一直延伸到八野的山云平原，对大神来说是非常重要的水田地区，其中散落着人们居住的村落。

顺带一提，神门郡的其他乡都是和大神子孙（比如阿迟须枳高日子根命,又表述为阿迟须枳高日子神、味耜高彦根神等)传说有关的地方。这也提示了神门郡是大神领地中心的事实。

出云郡——杵筑(出云)大社

再来看神门郡北边的出云郡。《出云国风土记》记载,"所以号出云者,说名如国也",也就是以国名出云作为郡名的地方。此地之所以能这样命名,自然是因为杵筑(出云)大社的存在。当然,在《出云国风土记》编纂的时期,出云大社已经存在于现在这个地点。该书还明确记录了杵筑的地名来源于大神之社"诸皇神等参集宫处杵筑"。

如前文所述,出云郡的神奈备山就是佛经山,山顶曾经存在出云国造之祖——侍奉大神的伎比佐加美高日子命的神社(曾支能夜社),现在该社已被迁至山麓。

这座佛经山北侧的健部乡有荒神谷遗迹,东侧有加茂岩仓遗迹,可见这座神奈备山及其周边都是与大国主神密切关联的土地。

意宇郡(东部)——大神传说

这趟出云国巡访之旅从大原郡出发,经过留有众多"所造天下大神"传说的西部,最后再来看看东部意宇郡的

出云与大和

大神传说。意宇郡相当于现在安来市到松江市一带,在宍道湖南侧占据了广大的土地,西端的宍道町与出云郡接壤。

在宍道町附近,现在玉造温泉所在的松江市玉汤町(古代玉器工坊曾坐落于此)到来持一带的地区以前叫作拜志乡,关于这个地名有以下传说。

创造此地的大神欲征讨越八口,发现此处树木繁茂,便说:"吾御心之波夜志。"故将此地命名为"林"。①

顿时就能想象出大己贵神(大国主神)在西边的来次整顿兵马,穿过玉造出征越国的情景。

母理乡的让国传说

最后,大国主神从越国归来时,在母理乡也留下了一些传说。母理乡位于与鸟取县接壤的能义郡(现安来市)伯太町,流传至今的乡名"mori"中融入了大神的深思熟虑。那个故事便是"所造天下大神大穴持命,越八口平赐而还坐时,来坐长江山而诏"之事。

> 我造坐而命国者,皇御孙命,平世所知依奉。但,八云立出云国者,我静坐国。青垣山回赐而,玉珍置赐而守。诏。故云文理。

---

① "波夜志"与"林"在日语中发音相同。——译者注

第一章 出云王国论

此处也出现了与记纪联动的故事（让国），但《出云国风土记》除此之外，就再也没有出现"所造天下大神"将苇原中国让给天孙的故事。唯有在讲述母理乡的地方借大神之口提出让国故事，应该可以理解为这是为了明确出云国的范围，同时出云国造"以大神之名"拒绝大和朝廷介入出云国。

也就是说，《出云国风土记》明确主张了大国主神虽然让出了苇原中国，但是并没有把出云国也一并让出。将此事记录在《出云国风土记》的开篇，想必是为了让后世子民牢记此事。这不仅是对出云国人民，也是对朝廷继续提出自己的主张。这是《出云国风土记》中最为激进的政治主张，在这个意义上，《出云国风土记》也是一部当代史。

4. 寻访四隅突出墓

给出云文化圈赋予特征之物

如果不断深入研读《出云国风土记》，就能很好地理解古代出云的地域特征。出云国的中枢位于斐伊川中游，也就是现在的木次町一带，另有几个机能各不相同的地区，这几个地区有机结合，形成一个整体——这就是它的构造。中枢和出云外部的各地豪族也不是支配与被支配的关系，而是更加重视横向的联系，也就是实现了出云联盟。这可以称为出云的特质，今后也会在各种场合被提起。而给这个出云文化圈赋予特征的，就是四角如同海星一般突出的方形墓，即所谓的"四隅突出墓"。

然而如今正式的学术用语变成了"四隅突出型坟丘墓"，这个表述略有违和感。"四隅突出（型）"没有可替代的合适表述，姑且不做讨论（若论形状，就是"四隅突出"；若论类型，就是"四隅突出型"吧）。可是问题在于"坟丘墓"。按字面理解，这是"有坟（墓）之丘（丘上）的（坟）墓"，词义重复了，需要进行简化（可以叫"坟丘"或"丘墓"或"坟墓"，叫"坟丘墓"就很奇怪）。此外，为了强调其方形墓（方形贴石墓）的母体，称之为"四隅突出（型）方形墓"虽然没有问题，但既然是方形，当然有四隅（突出），因此若有了"四隅"这个表述，就不需要后接"方形"。另外为了强调丘状隆起而称其为"四隅突出（型）丘墓"，那么妻木晚田遗迹（鸟取县米子市、大山町）发现的几乎没有隆起的小规格墓就不适用于这个名称了。这些名称都存在一些多余或不足，很难找到合适的表述，于是本书便退而求其次，称其为"四隅突出墓"。

不管怎么说，这种形状的墓在弥生时代中期到后期以

第一章 出云王国论

出云地区为中心开始出现并向外扩散。同类墓在广岛县三次市也有发现，有人认为那边的时期更早，其后出云市青木遗迹也发现了几乎同时期的墓葬，因此也有人认为发祥地应该就是出云，直到现在都没有得出结论。可是从扩张情况来看，我认为这种墓应该源自出云，然后南下或者东进（图20）。

●四隅突出墓
△ 丹后（丹波）的坟墓
①越中　杉谷4号（富山县富山市）第86页
　　　　富崎3号（富山县妇中町）
②越前　小羽山30号（福井县福井市）第82、87页
③伯耆　阿弥大寺坟丘墓群（鸟取县仓吉市）第87页
④伯耆　洞原坟丘墓群（妻木晚田）（鸟取县米子市、大山町）第81页
⑤出云　宫山4号（岛根县安来市）第81页
　　　　仲山寺9号（同上）
　　　　盐津山（同上）
⑥出云　青木遗迹（岛根县出云市）第79页
⑦出云　西谷2号、3号等（同上）第37、80、83页
⑧石见　顺庵原1号（岛根县邑智郡）第64、87页
⑨备后　矢谷1号（广岛县三次市）第81、87页
　　　　阵山遗迹（同上）
⑩丹后　权现山古坟（京都府京丹后市久美浜町）第84、85页
⑪丹后　赤坂今井方形墓（京都府京丹后市）第82、83页

图20　笔者寻访过的四隅突出墓

日本海文化圈的象征

那么，为何会出现形状如此奇妙的坟墓呢？其原型方形墓（底部贴石者称为方形贴石墓）普遍分布于出云至大和一带，四隅突出墓的分布则由出云向东，到达北陆的福井和富山一带，主要集中在日本海沿岸，或许能称其为沿海地区文化的象征。

从上文讲述的出云与大和的关系来看，想必很多人会认为大和自然也应该存在四隅突出墓。我也有同样的想法，于是展开调查，但并没有发现这类墓葬。一开始我猜想四隅突出墓确实存在，只是后来被大和朝廷抹消了（改造为前方后圆坟等），但如果是这样，那应该有一两座坟墓逃过一劫才对。可是从未听闻过此类报告。即便如此，我仍然认为，四隅突出墓是存在的，只是并未被发现而已。但现在我又认为，方形墓虽然存在，可是四隅突出墓并没有被大和接纳。

图21 西谷2号墓（岛根县出云市）

第一章 出云王国论

图 22 妻木晚田遗迹（鸟取县米子市、大山町）

图 23 宫山 4 号墓（岛根县安来市）

图 24 矢谷 1 号墓（广岛县三次市）

出云与大和

图 25　小羽山 30 号墓（福井县福井市）

如同海星一般造型奇特的四隅突出墓很早以前便被发现，1995～1998 年对妻木晚田遗迹（洞原地区）进行发掘调查时发现了大量这类墓葬，它们立刻受到世间瞩目。这类墓葬以方形贴石墓为原型，原本设置的上下墓顶的通道，后来演化为突出部。规模最大者是出云市西谷 2 号墓、3 号墓及安来市的宫山 4 号墓，突出部宛如一条巨大的舌头。这种墓葬可以说是出云王国最盛时期的历史遗产。关于发祥地，有人认为它发祥于内陆的备后三次，然后传到出云，也有人认为发祥地就是出云。这类墓葬沿日本海沿岸向东扩张，远及福井、富山，但北陆一脉以无贴石为特征。卑弥呼去世的 3 世纪中期以后，这类墓葬便不再出现。这在出云历史上可谓一大转折。

从方形墓到四隅突出墓

方形（贴石）墓规模变大之后，为了埋葬遗骸，就必须有一条通往墓顶的通道，也需要有方便相关人员上下的坡道。想必将四角部分进行"切削"，使其方便行走就是其中一种方法。比如站在丹波的赤坂今井方形墓（京都府京丹后市峰山町）（图 26）上方，可以看见东南隅有宽一米左右的平坦部分。从发掘调查概要里收录的平面图中，也可以看出东南隅显得略微突出。可能突出部就脱胎于这种形状。突出部渐渐明显，达到最大规模的，就是著名的西谷2号墓、3号墓（岛根县出云市，参照图21），此时突出部已经宛如巨大的舌头，仿佛能把靠近之人一口卷入。一旦这种形式固定下来，没有必要制造通道的小规模方形墓也用贴石堆砌成了突出的形状。上文提到的妻木晚田遗迹便是很好的例子。

图26　赤坂今井方形墓（京丹后市峰山町）

丹波没有四隅突出墓？

这种四隅突出墓从出云到高志（越国）皆有发现，而今日的考古学界一致认为，几乎位于这一地区中心位置的丹波（京都府）地区并不存在这类墓葬，在讨论四隅突出墓时这已经成了不言自明的事实。其理由在于大和朝

出云与大和

廷为了确保从大陆接收制铁材料的路线，很早就控制了这一地区，证据就是该地区前方后圆坟的出现时间很早。可是，那也许是从大和朝廷成立后的历史倒推回去，追加的合适的理由。丹波坟墓出土的土器类文物和其他地区的四隅突出墓相通，而且在探讨磐座祭祀与信仰的扩张时也弄清了丹后雄族海部氏侍奉的神祇属于出云系。综合这些进行考虑，丹波应该是受到出云影响较大的地区。我一直心怀疑问，认为不能一口否定丹波不存在四隅突出墓，并暗自推测一定会有所发现。

丹波发现四隅突出墓

在寻访了笼神社及其奥宫，以及真名井神社磐座后的一天，我又乘上了丹后铁道的列车。此行的目的是访问丹波地区规模较大的弥生期墓葬——赤坂今井方形墓，同时也是为了寻觅如今被称为如同幻影一般的权现山遗迹（京丹后市久美浜町）的信息。关于前者，我已经阐述过访问时的感受。

在久美浜町，我遇到了权现山遗迹发掘调查时送调查人员前往现场的出租车司机，并在他的指引下来到了遗迹。现在那里已经成了一片占据整个山坡的现代墓地。虽说调查已经过去多年，但没想到这里的墓地化程度会这么高。我带着难以释然的感觉在墓地内行走，正准备离开时，突然看到路旁的落叶底下半埋着一根棍子。我走过去一看，上面竟写着"权现山遗迹"这几个字。原来在这里！我沿着仅存一丝痕迹的小路进入山中，可是周围满是林木，连坟墓的形状都无法分辨。最后我只判明了遗迹位于墓地前方的山麓部位，就这样离开了那里，只是心里一直都惦记着。这时一个念头蹦了出来：一定要去确认一下调查报告书。于是在峰山町图书馆的乡土资料室看到了调查报告书（1984年久美浜町教育委员会），其中就收录了图27。

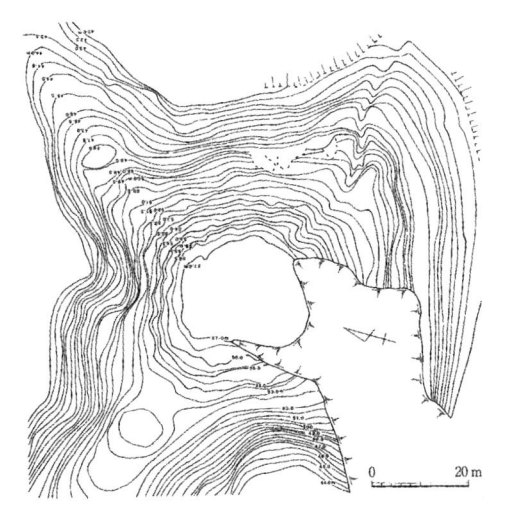

图27 权现山古坟地形测量图

我倒抽了一口气。

这不就是四隅突出墓吗？

虽然有崩塌的部分，而且利用了整体不规则的山麓部位，但是隅部的突出很明显，完全可以认为这是一个四隅突出墓。原来如同幻影一般的权现山遗迹其实就是四隅突出墓。

果然如我所料，丹波也存在可确认的四隅突出墓。可能因为调查时这种墓葬类型刚刚为人们所知，所以权现山遗迹并没有被积极地认定为四隅突出墓，后来就荒废在那里了，真让人感到遗憾。后来我在久美浜也遇到了显示出与出云有关的遗迹，此事将在终章进行叙述。

从石见到越

既然确定了丹波也存在四隅突出墓，那么我想在这里明确一点，即出云到越的四隅突出墓传承链中间并没有出现断裂。另外，北陆一带的墓葬特征是没有贴石，但在出云也发现了同类型的墓葬，可以推测它们没有本质上的差异。

我在写作本书时，只要有空就会踏上寻访"海星"之旅。出云自不用说，从石见到越的主要遗迹我也都看了一遍。在寻访各种四隅突出墓的过程中，我有一段时间无疑患上了"海星中毒症"。这里列出寻访时的笔记，作为正文的补充。

○富山县富山市　杉谷4号墓

据说墓本体边长约为二十五米，突出部约长十二米，但由于本体树木繁茂，突出部分没有贴石，因此很遗憾没能清楚分辨。这就是没有贴石的墓址让人遗憾之处。

〇福井县福井市　小羽山30号墓

事前致电教育委员会咨询时，对方回答"草长得很茂盛，可能看不出形状……"不过实地保养得很好。这里可以算是最为典型的没有贴石的四隅突出墓遗迹。

〇广岛县三次市　矢谷1号墓

坟丘部分并不高，不过突出部明显，而且贴石也得到了完美复原。此处墓葬为两个方形墓拼接的形式，其结合部可能被用作上出口。周围视野开阔，风景极佳。

〇鸟取县仓吉市　阿弥大寺坟丘墓

照片上突出部的贴石非常完美，满怀期待这就是最典型的四隅突出墓。但来到实地一看，墓葬已经被回填。虽然要考虑保存问题，也实在遗憾。

〇岛根县邑智郡　顺庵原1号墓

这里是最初发现的四隅突出墓，位于岛根县与广岛县的交界地带。外形和贴石都保存完好，突出部非常明显。从顺庵原向东走，就来到了同样发现过四隅突出墓的广岛县三次市。有说法认为四隅突出墓发源于三次盆地，后来传入出云，但我认为从日本海上溯至江之川，再穿过邑南进入三次的看法更为自然。前文提到的志都石室就在不远处，借此也能推断出云人民为寻求铁矿进入中国地区的山地，从顺庵原来到三次定居，因此两地同属一个文化圈。

出云与大和

出云王国的版图

包含丹后在内,四隅突出墓分布在出云到高志(越)的日本海沿岸,是出云力量远及北陆的最有力证据。《古事记》上卷也在八千矛神(大国主神)与此地的沼河比卖结婚的故事中提到了"遥远高志国",将高志国定义为遥远偏僻的国度。这恐怕就是当时人们的实际感觉。顺带一提,高志的姬川流域自古就是翡翠产地,因此八千矛神跟沼河比卖结婚无疑是为了获得翡翠。出云国西部的地名"古志"(出云市)可能也是两地人民开始交流后,高志之人渐渐定居下来的痕迹。

提到高志让我想起一件事。上文提到不能言的本牟智和气御子的故事时,我推测其中登场的"石硐之曾宫"就是佛经山(古名神名火山)上的磐座。其实那个故事还有前半段。

一次,不能言的御子听到高空飞翔的鹄(天鹅)鸣叫,头一次发出了不成言的喊声。其父垂仁天皇大喜,派人去捕捉那只天鹅,当时天鹅飞过的地方有纪伊国—播磨国—因幡国—丹波国和但马国—近江国—美浓国—尾张国—信浓国,最后人们追到高志国,终于抓住天鹅献上。

这里也出现了高志国。为什么呢?

不能言的御子的故事是因为大和王权没有按照约定为

第一章　出云王国论

大国主神建造神殿而发生的不幸故事，所以天鹅降落的地方暗示了朝廷不喜爱的土地。进一步说，这些国可能都是曾经被出云统治，或是与之结成同盟关系的地方。加上出云国和伯耆国，以及有磐座信仰和四隅突出墓分布的各国，就形成了以中央地沟带①为东部边界的出云王国版图。在高志国捕到天鹅，自然是为了表达一直追赶到出云王国边陲才完成任务的意思。

信浓也是王国东部边境

还有一则提示出云王国东部边境的故事。

《伊势国风土记》的逸文中，关于伊势的国号由来有以下记载。

天皇神倭磐余彦（神武）东征，到达大和菟田时，向随行的天日别命下令"平定海方之国"。天日别命来到那个国家，发现伊势津彦这个神已经在治理国家，便命他将国土进献给神武。伊势津彦以长期居住此地为理由拒绝了。于是天日别命欲将他杀死，而伊势津彦便答应了将此地进献给神武，还以"起大风吹拂海水，乘波前往东国"

---

① 横断日本本州中部的断层地沟带。西缘为丝鱼川—静冈构造线（又称为系鱼川—静冈构造线）。北至新潟县，南至爱知县的滨松，全长二百五十公里，大致为南北向，呈 S 形。东缘由于第四纪火山喷出物的覆盖，界线不明确。——译者注

出云与大和

为证。果然，当夜大风四起，波涛汹涌，伊势津彦乘波浪逃往东国，来到了信浓国。神武为称颂他的功绩，将此地命名为伊势国。

还有另一则相关故事。故事中的伊势津彦是居住在伊势国的出云之神（大国主神）之子——出云建命的御子。可见伊势国也曾经有出云系神祇居住的领域，后来在神武东征之时，因为让国，那位神被赶到了国外。

故事中他逃到了信浓。为何是信浓呢？那是因为信浓跟高志一样，是位于出云王国东部边境的国家。可见，伊势津彦能够逃亡的最遥远的国度就是信浓了。

信浓是大国主神与高志的沼河比卖所生的建御名方神（长野县诹访大社祭祀的主神）统治的国度，《古事记》记载，反对让国的建御名方神被天之使者建御雷神打败，逃到信浓后立约让国。

由此可见，信浓国是出云国东部边境一片极为重要的土地。

"初期"王朝——出云王朝的成立

话题再一次回到四隅突出墓。众所周知，西谷3号墓的墓顶有四个柱穴。因为正下方的地底埋葬着墓主人的石棺，专家推测地上原本建了一座四柱小屋，并在其中举行了送葬仪式。此外，该墓葬还出土了特征明显的吉备式土

第一章　出云王国论

器等多种土器，这些都被认为是跟出云保持着交流关系的地区和国家的使者带来并供奉在送葬之地的物品。想必就如专家推测的一样吧。

可是，当墓葬规模不那么大的时候，葬礼就不是在墓顶，而是在墓旁建造同类建筑举行。比如出云东部安来市的宫山坟墓群就修建于丘陵之上，在四隅突出墓旁有一近乎正圆形的区域，其中发现了柱穴，可以推断曾经有过建筑物。可能那就是在丘陵之上举行墓葬的葬礼设施。

可是，在墓顶或墓侧进行的仪式只有葬礼仪式吗？当地方掌权者死亡时，最受关注的自然是下一任继承者的人选。这样的话，像西谷3号墓那样有关人士从各地各国聚集前来参加的葬礼，应该是介绍下一任继承者的最好机会。如此一来，葬礼仪式就同时兼具了即位仪式的性质。到了后来，下一任天皇在前任天皇去世的旧宫举行葬礼，也在同一宫殿中举行即位仪式的事例或许可供参考。我不禁认为，巨大的吉备式土器更适合用于继承仪式。

西谷2号墓、3号墓的墓主人还未确定，但说那是符合出云地区王者身份的墓葬也不为过。而且通过排列在丘陵之上的大型四隅突出墓，还可以推断墓主人的家族世袭王位。在这里，初期"王朝"——出云王朝建立起来了。

第二章　邪马台国的终结

从葛城山眺望樱井方向

出云与大和

1. 漫步北九州岛古代遗迹

壹岐的原之辻遗迹

我第一次探访壹岐的"原之辻遗迹"(长崎县壹岐市)(图28),是为研究国衙而寻访全国国厅遗址的时候。该遗迹正符合《魏志·倭人传》的描述:"差有田地,耕田犹不足食,亦南北市籴。"我听说正在对从外海引入的水路和码头进行发掘调查,便到现场看了一眼。记忆中,一条深沟底部散落着众多土器。

第二次是在参观了佐贺的吉野里遗迹(佐贺县神埼市)之后,得知原之辻遗迹也被评为国家特别史迹,还被开发成了史迹公园,于是又去了一趟。可是听说第二年春天,山丘上的历史博物馆将要开馆,我走在现场的同时,就产生了再来一次的想法。

第三次对我来说是一次难以忘怀的经历。我参观了刚刚开馆的壹岐市立一支国博物馆,在观景台眺望了遗迹方向,又从博物馆门后下山,看着沿途熟悉的风景悠然走近遗迹,途中不经意间回过头,被眼前的景象惊呆了。我刚刚出来的博物馆周边竟冒出了滚滚黑烟,并且势头越来越猛。有人急切地广播道:"博物馆发生火灾!"四周顿时

第二章　邪马台国的终结

响起消防车疾驰而来的警笛声。这就是所谓白日梦一般的光景吧。我甚至油然生出一股罪恶感，认为自己是瘟神，给博物馆带来了这场火灾。

过了一段时间，浓烟渐渐变白变小。后来一问，原来火灾并非来自博物馆，而是附近的民房。只是当时的光景已经深深镌刻在了我的脑海中，恐怕再也不会消失。那是平成二十二年（2010）四月三十日下午两点前后的事情。

图28　原之辻遗迹

王、官、卑奴母离

原之辻是建在这座岛上唯一的平原中微微凸起的高地上的环濠集落，考虑到它同时兼具港口功能，可以确定此

出云与大和

处是一国中枢，甚至可能让人联想到《魏志·倭人传》的时代。然而《魏志·倭人传》对一支（壹岐）国的记载只有"其大官曰卑狗，副曰卑奴母离"，并没有对国王的记载。对马国及其他国的记载亦如此。于是我将《魏志·倭人传》的记载整理成表2。

表2　《魏志·倭人传》中有关日本列岛各国的记载

	王	特别官	官	副
对马	—	—	卑狗	卑奴母离
一支	—	—	卑狗	卑奴母离
末卢	—	—	—	—
伊都	王	一大率"刺史"	尔支	泄谟觚 柄渠觚
奴	—	—	兕马觚	卑奴母离
不弥	—	—	多模	卑奴母离
投马	—	—	弥弥	弥弥那利
邪马台	女王（男王）	—	伊支马 弥马升 弥马获支 奴佳鞮	—
狗奴	男王	—	狗古智卑狗	—

从表2可以看出，有"王"记载的为伊都、邪马台及狗奴三国，其他都只记载了"官"（唯对马记为"大官"）和"副"。这与参考《魏志·倭人传》编纂而成的《后汉书·倭传》中"国皆称王，世世传统。其大倭王居

邪马台国"的记述虽然不一致，但很难认为各国不存在首领。这恐怕是为了突出上述三国之王的存在，将其他国的首领都写作了"官"（对马为"大官"）。"副"多被称为"卑奴母离"，与之相对，各国的"官"则使用了不同的名称，这也暗示了以上可能。我认为，可以将"官"与"大官"理解为各国首领。

"副"的名称基本统一为卑奴母离，这点也让人非常好奇。卑奴母离即"鄙守"，也就是负责边境警戒的官职，所以设置了卑奴母离的对马国到不弥国之间的各国，可能都地处沿海。因此，所在地不明的不弥国可能也位于九州东北部的沿海地区，也就是现在的北九州市一带。

从原之辻到丝岛（伊都国）

将话题转回原之辻遗迹，经过复原后的建筑物结构与吉野里遗迹相似，其原因自然应该是两者属于同时代产物。然而遗憾的是，具有壹岐国特征的交易遗迹——码头被回填，仅立有一根标记棒。我认为遗迹唯有加上码头才算完整，希望将来能够将该遗址复原。

顺带一提，壹岐国的中枢到律令时代就成了国衙，其国厅位于此地西部的山边、兴神社一带。兴神社的"兴"（kou）实为"国府"（kokufu）的讹音，所以该神社实际是国府神社，神社境内还有小石祠形式的印钥社，仿佛在积极主张这里就是国厅旧址。附近的竹林里还有同样为石制的总社。如此看来，弥生时代设在平原的"国都"，到律令时代变为"国衙"，并迁移到了山边。为了理解后文论点，请牢记这一事实。

探访完原之辻遗迹后，我回到博多，又到福冈县丝岛市造访了伊都国的遗迹。最让我印象深刻的是伊都国历史博物馆展示的大型内行花文镜等数量惊人的铜镜。其馆藏量恐怕远超其他地区。为何伊都国会有如此大量的铜镜呢？其中必然有一定理由。我们且在《魏志·倭人传》中探寻其背景。

代行卑弥呼职能的伊都国国王

根据《魏志·倭人传》记载，伊都国是在倭国中特征尤为明显的国度。特别是以下四点：

（1）世有王，皆统属女王国；

（2）（带方）郡使往来常所驻；

（3）特置一大率，检察诸国；

（4）于国中有如刺史，王遣使诣京都、带方郡、诸韩国，及郡使倭国，皆临津搜露。

其中（3）的一大率是女王国为检察诸国而设置的大区域负责官员，这点从名称上就能看出。顺带一提，从大区域负责官员的角度来看，律令国郡制最终变成了一国一

第二章　邪马台国的终结

国司（国宰）制度，在演变过程中也曾出现国司同时兼领数国的情况。这样的总领官员被称为"总领"或"大宰"，"大宰府"就继承了后者的名称。一大率就是带有这种性质的官员，是邪马台国派遣的大区域检察官，因此受到诸国畏惮。一大率的据点就被设置在伊都国。

与一大率相对照的就是以伊都国国内为对象的"有如刺史"（以下表述为"刺史"），在伊都国国王（有时可能是大倭王）派遣使者到魏都、带方郡或诸韩国时，或是那些地区派遣使者前来时，这些官员负责在津（港）接待。因此，郡使来访时负责接待的官员就是"刺史"。

郡使前来倭国时，常驻伊都国。不过《魏志·倭人传》中郡使"常所驻"的文字多被理解为郡使"常驻"，但那样容易招致误解。如果是常驻，那么伊都国有可能会变成"倭国之带方郡"。此句是郡使前来时必定会住宿在伊都国之意，而不是长时间驻扎此地。当然，伊都国应该也设有接待郡使用的"客馆"。

综上所述，郡使自带方郡来访时，首先由"刺史"接待，然后被引导至国王宫殿。抵达宫殿后，肯定要举行相应的仪式和宴会。重点在于伊都国国王会代行大倭王，也就是邪马台国女王卑弥呼的职能。对郡使来说，这意味着在伊都国就能完成所有"公务"，因此没有必要专门前去邪马台国。我希望着重强调一下这个伊都国的结构，尤其是伊都国国王的职能及其意义。

伊都国是大陆文化的中转地

如此梳理下来，最初的疑问——为何伊都国拥有大量贵重的铜镜就有了答案。因为伊都国有代替卑弥呼发挥职能的国王，所以魏和诸韩国相赠的各类物品全都会集中并保存在伊都国。平原遗迹（图29）中女性头部的装饰性管玉饰品也来自这一渠道，这是当时最新的时尚。这些物品随着时间流逝，也渐渐传播到了其他地区。那时近畿地方几乎不存在任何镜子。

图29　平原遗迹（福冈县丝岛市）

经过发掘调查，伊都国也存在大规模的环濠集落。其中有伊都国"国王"的宫殿，还有接待"郡使"的客馆。想必还设置了"一大率"和"刺史"的官衙，以及"官"和"副"的办公场所吧。这些各式各样的建筑物究

第二章 邪马台国的终结

竟被设在什么地方呢？我愿意相信，今后还有发现这些遗构的可能。带着这样的想法，我离开了伊都国旧址。

衰退的吉野里邪马台国说

吉野里遗迹（图30）是佐贺县东部发掘出的遗迹，平成元年（1989）二月一经报道，马上被冠以"卑弥呼的邪马台国出现了"这样的宣传语，人们纷纷前来参观这个大规模的弥生环濠集落遗迹，其场景可谓人潮汹涌。在此期间，其历史价值得到认可，吉野里遗迹被指定为国家特别史迹，还被规划成国营历史公园。各种遗构的复原进展迅速，一个典型的弥生环濠集落景观渐渐成形，同时参观人数继续暴增，到平成八年（1996）竟突破了一千万人次。那可以说是邪马台国九州说气势最盛的时期。

图30 吉野里遗迹，内有大规模的弥生环濠集落遗迹

出云与大和

可是在那之后,吉野里遗迹是邪马台国的说法开始悄然衰退。其主要理由在于该遗迹虽然发掘出众多遗构、文物,但缺乏足以让人联想到女王卑弥呼的出土文物。此外,假设这里是女王国,从它与伊都国的距离来看,理应跟郡使有所接触,可是《魏志·倭人传》中并未出现相关记述的痕迹。应该认为,邪马台国位于遥远的地方。可是,虽然吉野里遗迹是邪马台国的看法渐渐消失,此地身为弥生时代典型环濠集落遗迹的历史价值却没有减少半分。

2. 邪马台国在何处?

重读《魏志·倭人传》

邪马台国九州说近年转为守势的理由并不只有这些。更大的原因是畿内说异军突起,奈良县樱井市的缠向遗迹开始受到关注。只要住在关西,就能明显感到那种氛围。

那么,邪马台国真的在"畿内"(虽为后世用词,为方便表述在此使用。以下同类用语皆同)吗?还是在九州呢?在做出判断之前,必须重新拾起《魏志·倭人传》。众所周知,该书记载了从九州到邪马台国的路程,这是历史文献中探知邪马台国所在地的唯一线索。

第二章　邪马台国的终结

（前略）不弥国……南至投马国，水行二十日，（中略）南至邪马台国，女王之所都，水行十日，陆行一月。

将这些表述整理一番就是：

不弥国（南，水行二十日）→投马国（南，水行十日，陆行一月）→邪马台国

结合上文也可以判断，不弥国应该就在九州东北部，以这里为起点的根据和意义都很充分。从不弥国前往邪马台国需要的日数合计是"水行一月，陆行一月"，假设记载无误，应该就是沿丰后水道南下，在九州以南遥远的地方能找到邪马台国。这个结果让人感觉应该是记载出现了谬误，假设存在谬误，那么问题应该出在出现了两次的"南"这个方向上。出于地域所限，北方和西方都不可能，剩下的只有东方。换言之，应该把"南"改为"东"。于是从不弥国出发，向东水行二十日来到投马国，然后再水行十日，（上岸）陆行一月，来到邪马台国。

沿日本海路线前往邪马台国

可是还有一个问题，就是从不弥国乘船往哪里走。

出云与大和

对此，大概很多人会回答说穿过关门海峡进入濑户内海向东前进。从濑户内海给人留下相对平稳的印象来看，想必所有人都会做出这种判断。可是我认为，那是一个重大的误解。濑户内海虽然看上去平静，但是海流时而向东，时而向西，这就是自古以来濑户内海各地区都设有待潮港的原因。海上时常风平浪静，但是四周会突然出现激烈的旋涡。甚至无须等待复原古代船的实验结果，就可以断言对自身没有动力的船只来说，当时的濑户内海就是进退两难的"安稳地狱"。神武东征故事中，神武天皇经濑户内海东进之前先操练好了一支水师，那也是理所当然的事情。

假设向东行船经过的不是濑户内海，那应该就是日本海了。理由很明显。日本海有向东的对马海流，只要乘上这道海流，就能顺着日本海沿岸轻松向东航行，这可谓胜过一切的绝好条件。当然这条航线经年气候恶劣，与现在基本相同，但是并不能抵消航线的优势。

《魏志·倭人传》的时代，通往邪马台国的道路是从北九州沿日本海沿岸东进。所谓"东进二十日"的投马国，应该就在出云一带。从那里继续向东"水行十日"，到达的地方应该是丹后一带，其根据就是久美浜湾拥有最为完美的良港条件。在这里上岸，沿陆路（文中没有记述，不过方向是"南"）走一个月，就来到了邪马台国——这就是可能性较高的一条路径。顺着这个路径来到的邪马台国，就是大和之国——大和国（奈良县）。

连接出云与大和的道路

这条路线最有意义的地方在于，它与我此前探索出来的连接出云与大和的道路完全重叠。换言之，谈论邪马台国时，出云是必不可少的要素。

相传倭建命死前在能烦野作了一首歌：

倭国真秀美，青垣重叠嶂，
苍山常簇拥，大和美如画。

这是在记纪歌谣中尤为受人喜爱的望乡之歌，同时也是一首优秀的国赞歌。在迁都平安京的诏书（延历十三年[①]十二月八日）中，平安新京被歌颂为"山河襟带，自然作城"，这也是基于京都盆地周围的山河有如襟带相连，形成了天然险要的想法。不过"青垣重叠嶂，苍山常簇拥，大和美如画"的表述显得更为质朴而具有美感。不管怎么说，邪马台国就是奈良盆地与周围山峦形成的大和之国。邪马台国无疑就是畿内的大和。

---

① 794 年。——译者注

出云与大和

卑弥呼的王宫何在？

问题在于，卑弥呼的王宫存在于大和国的什么地方。目前没有任何人能够给出结论。因此，以下论述只是探索其可能性的一个尝试。

正如上文所述，包含卑弥呼宫殿的邪马台国中枢应该存在于平原部位微微凸起的高地之上，位于一个环濠集落之中。从这点出发，我认为近来备受瞩目的缠向遗迹靠山太近，又没有发现包围整体的环濠，欠缺作为候选地的条件。因为其中大量出土的桃子与道教相关，有人认为这里正是卑弥呼施行道家咒术的地方。可是在中国，3世纪中期依旧是道教的萌芽时期（成立时期是5~6世纪），感觉时期尚早。如果与道教相关联，那么遗构本身的成立时期可能要推后到5~6世纪才对。这也是我难以赞同缠向说的理由。与其说这里是弥生时代的王城，倒更像是古坟时代与宫城和王都相关的遗构。

受到瞩目的唐古-键遗迹

那么邪马台国的王城、卑弥呼的宫殿究竟在哪里？综合考虑上文提到的位置条件，比较值得瞩目的便是"唐古-键遗迹"（奈良县矶城郡田原本町）（图31）了。它位于缠向遗迹西北方，就是地处奈良盆地中央微高地的环濠集落。

第二章　邪马台国的终结

图 31　唐古 - 键遗迹

该遗迹一开始被称为"唐古池遗迹",因为昭和十一年（1936）以来,建设南北纵断奈良盆地的公路（国道24号线）时,挖掘唐古池的砂石过程中发现了大量文物,因此紧急展开了对唐古池的发掘调查。末永雅雄等人主导的调查细致入微,六年后给出的报告书成为此后研究弥生时代的指针。

但令人遗憾的是,他们的调查对象仅限于唐古池。直到昭和五十二年（1977）,遗迹的意义才被重新评估,政府最终买下周边土地继续展开调查。此时离最开始的调查已经过去了四十年。因为遗迹范围从唐古池向南延伸到了键池周边,所以名称也被改成了"唐古 - 键遗迹"。

调查证实,唐古 - 键遗迹位于初濑川与寺川冲积平原上的大型环濠集落,时代从绳文时期一直延续到古坟时代,其间留下了几度洪水泛滥的痕迹,也弄清了这个遗迹最初是由小规模集落重组为大规模集落的。出土文物有镌刻楼阁与大型房屋的绘画土器，以及放置于褐铁矿容器里的大小两块翡翠、刻画了重弧文的铜铎石制模具等，种类繁多。从碧玉和管玉的出土情况还可以推断出集落内拥有各类作坊，还有工人聚居。

如上文所述，唐古－键遗迹从绳文时代一直存续到古坟时代，但主流观点认为，在卑弥呼被拥立为王之前的弥生中期，它就已经衰退了。可是后来的报告中提到古坟时代重新开挖被填埋环濠的事实，让这件事尚未有定论。当然，这也与遗迹范围与目前的居住区域重叠，还存在尚未调查的区域不无关系。此外，认为衰微的原因是洪水灾害，但也需要考虑人们可能为了避灾而将居住地迁往海拔更高的南侧微高地这个可能性。将唐古－键遗迹视作卑弥呼王宫存在过的邪马台国王城这一看法虽然属于少数派，但随着遗迹范围的扩展，还有充分的探讨余地。

邪马台国的"四官"是什么？

根据《魏志·倭人传》的记述探讨伊都国"国制"的过程中，有一点让我十分好奇。同样是《魏志·倭人传》的记载，邪马台国却与其他国不同，"官"的数量尤为众多。具体有四官：

第二章　邪马台国的终结

至邪马台国，（中略）官有伊支马，次曰弥马升，次曰弥马获支，次曰奴佳鞮。

文中并未提及"副"。这里所谓的"次"并非表示长官与次官的上下关系，而是彼此同级罗列的官职，因此存在伊支马等四官。换言之，在邪马台国，国王（女王卑弥呼）之下设有四官。那么，这四官该如何理解呢？

首先是"伊支马"，读音与"ikoma"相通，无疑就是"生驹"，可以认为是奈良盆地北部到西北部的地区名称。如此一来，其余三官无疑也是地名。支撑这一假说的线索可以通过与头三个文字对应的天皇名来确认。也就是说，参考此前的尝试：

（1）伊支马——若读作"ikoma"，相当于垂仁天皇伊支米（ikume）入日子伊沙知命（矶城玉垣宫）；

（2）弥马升——若读作"mimasu"，相当于孝昭天皇御真津（mimatsu）日子诃惠支泥命（葛城掖上宫）；

（3）弥马获支——若读作"mimaki"，相当于崇神天皇御真木（mimaki）入日子印惠命（矶城水垣宫）。

天皇名即御陵所在地

从"ikoma"这里得到灵感，假定天皇名前三个文字

出云与大和

指代的是地区名称的话，那么可以认为，那个地区就是宫殿或御陵的所在地。若是宫殿所在地，（1）和（3）都是矶城，出现了重复。因此假设为地区不存在重复的御陵所在地应该更为合适。根据《古事记》记载，御陵所在地如下所示：

（1）垂仁天皇——菅原御立野（奈良市尼辻西町）；

（2）孝昭天皇——掖上博多山（御所市三室）；

（3）崇神天皇——山边道勾之冈（天理市柳本町）。

如此看来，则三者所指的地区大致如下：

（1）伊支马——包含生驹山在内的奈良西北部一带；

（2）弥马升——奈良西南部葛城一带；

（3）弥马获支——奈良三轮山麓，从天理到樱井一带。

按照这个推理，（4）奴佳鞮应该也指代地名，然而一时想不到对应的地区。可是这个词读作"nakato"，或许能用汉字标记为"中处"，也就是"中央地带"。所以唯有这个词不是固有名词。

将以上猜想大致用概念图表示，如图32所示。

再次梳理一番，可以总结出邪马台国（大和国）将领土分为四块，由"伊支马""弥马升""弥马获支"这三官守护三面，巩固四周的防御，而"奴佳鞮"则负责中央区域。

第二章　邪马台国的终结

图32　邪马台国的四官

邪马台国的王宫在奈良盆地中央

从这个事实推导出的结论只有一个，即邪马台国的王室宫殿处在"奴佳鞮"区域内。那个地方恰恰位于奈良盆地（大和盆地）中央。

如上文所述，弥生时代各国的中枢都位于平原部微高地的环濠集落中。可以断言，邪马台国的王宫也是同样，在奈良盆地的中央，那里现在属于田原本町。那个地方几乎都变成了城市街区，无法进行发掘。但我希望总有一天以上推论能够得到考古学认定。邪马台国的宫都、卑弥呼的王宫就被掩埋在奈良县田原本町的街区之下。

顺带一提，打开城市地图可以发现，田原本町中央一

出云与大和

带被标为"无大字"①。近来因为秋津遗迹的发掘而受到瞩目的御所市城区中央也被标为"无大字"。虽然目前尚不明确"无大字"是如何产生的，有着什么样的发展历程，但可以推测那些区域是一个地区的中央或中枢，自古便是极为重要的场所。我暗中想象卑弥呼的王宫可能就在那个"无大字"的地方。《魏志·倭人传》有如下记载：

> （卑弥呼）自为王以来，少有见者。以婢千人自侍，唯有男子一人给饮食，传辞出入。居处宫室楼观，城栅严设，常有人持兵守卫。

出云系氏族联合组成的王朝

邪马台国的领域共分四区，各自由"官"来管辖，这虽然只是推测，但它的意义并不仅仅是这样。因为且不论中央，周围三区分别由物部氏（北）、鸭氏（西南）和大神氏（东）盘踞。可以说，三区划分应该是对应了这些豪族的存在，这样更接近实态。我认为这种形式与当时国家组织尚未成熟的阶段相符。

---

① "大字"是日本市町村内的一种行政区划。江户时代将村分为若干"字"，明治二十二年（1889）市、町、村合并时，将"字"合并为"大字"，原先的"字"改称为"小字"。——译者注

更重要的一点在于，这三个氏族全都是出云系的氏族。详情将另外论述，概述其核心，可以说邪马台国是出云系氏族联合拥立的王朝。后来出云国造从出云前往大和上奏神贺词，值得注意的是，贺词将四座神社描述成皇室的守护神这一事实。那四座神社分别是三轮的大神神社、葛城的高鸭神社、飞鸟的伽夜奈流美神社和宇奈提的川俣神社。唯有清楚了这些神社在大和朝廷成立以前是出云系神明的出云系神社这个前提，才能理解出云国造将它们描述成皇室守护神的想法。

自卑弥呼的时代开始，大和国内就充满了出云系的神与人。

3. 邪马台国与大和朝廷

鸟瞰大和盆地

跟随《魏志·倭人传》的记述，我们终于寻觅到了邪马台国，对卑弥呼的王宫所在地有了一个印象。

一天，我登上了葛城山。我想在奈良县西部连绵的葛城连峰最高处，眺望可能是卑弥呼王宫遗址的地带。说不定还能找到唐古池畔的望楼。可是事与愿违。我拿着地图一边确认方位，一边用望远镜眺望，然而根本找不到确切

出云与大和

地点。如果想在更近距离鸟瞰大和盆地，西边的二上山（517米）或东边的龙王山（585米）应该更为合适。图33为后来登上龙王山山顶远眺田原本町一带时拍摄，二上山基本就在正对面。如果是脚力强健之人，可以到二上山一观。

图33 从龙王山远眺大和盆地（现在的田原本町）

非连续说的理由——卑弥呼没有在记纪中登场

言归正传，在大和盆地中，曾经有过邪马台国的卑弥呼，其后又营造了大和朝廷的王宫。也就是说，可以认为邪马台国是大和朝廷初期阶段的样态。如果将这个说法定义为邪马台国－大和朝廷连续说，那么坚持邪马台国位于畿内的人大多选择这个说法就不足为奇了。

可是事情并没有这么简单。即便同在大和，邪马台国与大和朝廷不存在连续关系的可能性依旧存在。如果将这个说法定义为邪马台国－大和朝廷非连续说，那么我选择的就是这个立场。

如此选择的根据只有一个，那就是邪马台国和卑弥呼之名一次都没有出现在《古事记》和《日本书纪》中。3世纪前半期，倭国女王派遣使者前往带方郡，甚至前往洛阳，被魏王封为"亲魏倭王"，又获赐铜镜百枚及其他物品。如果这个人物是大和朝廷的祖先，自然应该出现在皇统谱系上，可事实上任何谱系都对卑弥呼只字未提。也就是说，卑弥呼在日本神话历史中被彻底忽略了。

为何以"倭女王"身份登场？

如果说完全不出现，却也不太正确。卑弥呼之名虽然从未被提及，但是在《日本书纪》中，她以"倭女王""倭王"或"倭国（之王）"的身份三次登场。因为神功皇后纪十三年和四十六年之间，三次引用了《魏志·倭人传》中与卑弥呼相关的记述：

（1）神功皇后纪三十九年条

魏志云"明帝(朴)景初三(改"二")年六月，倭女王，

出云与大和

遣大夫难斗(改"升")米等，诣郡，求诣天子朝献。太守邓(改"刘")夏，遣吏将送诣京都也"。

（2）同四十年条

魏志云"正始元年，遣建忠(改"中")校尉梯携等，奉诏书、印绶，诣倭国也(后文在此处断)"。

（3）同四十三年条

魏志云"正始四年，倭王复遣使大夫伊声者(改"耆")、掖耶约(改"邪狗")等八人上献"。

为了方便理解，文中加了旁注以供参考，《日本书纪》引用《魏志·倭人传》时，补充了《魏志·倭人传》中没有的"明帝"之名，将景初"二"年订正为"三"年，在人名上也使用了不同的表述。由此可知，《日本书纪》的编纂者们在编纂过程中仔细检查过《魏志·倭人传》的内容。通过这项工作，他们知道邪马台国及女王卑弥呼的存在，并利用这些知识在神功皇后纪中引用了以上几条。许多研究者都在从事《日本书纪》的注释书编纂一类的工作，会出现《日本书纪》将卑弥呼比作神功皇后，或将两者视为同一人物的理解也不足为奇。

可是我认为，不能被编纂者煞有介事的引用所误导。因为这几条分明在介绍卑弥呼的事迹，却没有提及最关键的卑弥呼的姓名。三条引用皆以"倭女王"、"倭王"或"倭国（之王）"为主语，让人不禁认为编纂者在刻意回避卑弥呼的姓名。这可能是为了避免给出卑弥呼之名而产生的不便之处，也就是有意回避卑弥呼之名与神功皇后之名不统一的事实。而且编纂者并未将卑弥呼之名及其事迹纳入《日本书纪》正文，而是直接引用《魏志·倭人传》的记载，这可能也是出于同样的理由。结果就是，《日本书纪》的编纂者对卑弥呼的存在心知肚明，"读者"却无从得知卑弥呼之名。这正是编纂者的有意而为。

与大和朝廷无缘

可是在《日本书纪》的编纂过程中，卑弥呼这个人物在宫廷社会，尤其是前后登场的女帝之间，可能成了共同关注的话题。卑弥呼的事迹可谓唐突地出现在神功皇后纪中，或许正反映了当时女帝们的关注。神功皇后身上带有齐明女帝的影子，后者在白江村之战中一路前往九州岛；同时，神功皇后的形象又与女王卑弥呼有所重叠，卑弥呼曾派遣使者前往魏国，还得到了"亲魏倭王"称号。我认为，卑弥呼确实存在于齐明和持统这些女帝的意识中。

可是尽管如此，卑弥呼之名还是没有出现在《日本书纪》中。那可能就是因为卑弥呼并非大和朝廷的祖先，是与之无缘的人物，除此之外难以想象其他任何理由。也就是说，卑弥呼是不应被记录在大和朝廷皇统系谱上的人物。

假设卑弥呼确实如此，那么同样没有出现在《日本书纪》中的邪马台国，自然也就不是大和朝廷的前身了。所以我支持邪马台国－大和朝廷非连续说。

4. 邪马台国的终结

卑弥呼之死

可是，不管连续还是非连续，所有围绕邪马台国的议论中有一点尚不明确，那就是它的终结。因为关于邪马台国的唯一史料《魏志·倭人传》并未讲述到那里，不过只要仔细阅读文本最终部分，或许能探知一二。

《魏志·倭人传》在最后提示了邪马台国事态的急剧变化：247年，卑弥呼与向来不和的狗奴国进入交战状态，并遣使者前往带方郡通知战事，于是太守王颀派遣使者张政等人，携诏书、黄幢（黄色战旗）及檄文予以激励。

可是在这个非常状态中，卑弥呼去世了。虽立男王而

第二章　邪马台国的终结

国中不服，互相争斗产生了众多牺牲者。后来卑弥呼的宗女壹与（亦称"台与"）被立为王，事态才得到平息。张政携檄文告喻壹与，壹与则遣使者二十人送张政返回，并上贡了男女生口三十人及众多物品。[1] 至此，《魏志·倭人传》的记载便结束了。

后面的表 3 整理了以上经过，第一列罗列了《魏志·倭人传》记载的概要（以筑摩书房『年表日本歴史』[1]为基础修订而成），第二列补充了应该如何解读年表的记载，帮助读者理解人物与事情发展的动向。

解读谜团

首先，最大的疑问在于，《魏志·倭人传》中并未记载卑弥呼之死前后的"年份"，因此无法判知从卑弥呼之死到拥立壹与，以及向魏遣使究竟经过了多少时间。从这一期间发生的事态重要性来看，这点也显得很不寻常，可以认为是编纂者刻意不记载或将其删除了。

---

[1]　原文为："倭女王卑弥呼与狗奴国男王卑弥弓呼素不和，遣倭载斯、乌越等诣郡说相攻击状。遣塞曹掾史张政等因赍诏书、黄幢，拜假难升米为檄告喻之。卑弥呼以死，大作冢，径百余步，徇葬者奴婢百余人。更立男王，国中不服，更相诛杀，当时杀千余人。复立卑弥呼宗女壹与，年十三为王，国中遂定。政以檄告喻壹与，壹与遣倭大夫率善中郎将掖邪狗等二十人送政等还，因诣台，献上男女生口三十人，贡白珠五千孔，青大句珠二枚，异文杂锦二十匹。"——译者注

出云与大和

其次，带方郡使者张政的动向虽然得到重视，却很难正确把握。许多论者认为，魏是在接到卑弥呼的报告后，派遣张政等人前往倭国的。假设是派往倭国，可以认为他们停留在伊都国，可是从卑弥呼之死前后到壹与在倭国的动乱之中被拥立为王，并向魏派遣大型使团，这中间不知道经过了多少年。因此很难想象张政在此期间一直停留在倭国，应该说，这本身就不可能。因为张政是带方郡的官员，不可能长年累月滞留在他国。所以，张政被派遣到倭国并停留的说法，应该是误读《魏志·倭人传》内容的结果。

魏并没有派遣使者

问题点在这个部分：

> 遣塞曹掾史张政等（谁遣？往何处？）因赍（从哪里？）诏书、黄幢，拜假难升米（在哪里？）为檄（在哪里？）告喻之。

（1）卑弥呼的使者前来告知战事时，带方郡（的太守处）自然还没有能够交给倭国的魏王诏书和黄幢，所以太守才派遣张政等人前往魏国国都洛阳（不是去倭国），"因"（然后）从魏王处取得诏书、黄幢的张政等人又将其带回（"赍"）了带方郡。

第二章　邪马台国的终结

（2）张政等人没有被派往倭国的另一个根据是：若是倭国，则授予诏书、黄幢的对象应该是倭国王（其实是伊都国国王代领）（参照240年的事例），而接受诏书、黄幢的人却是难升米。因为当时难升米身在带方郡，并在带方郡太守处"拜假"了张政从洛阳带回来的诏书、黄幢。

综合（1）和（2）的理由，可以推断张政等并没有前往倭国。由于难升米其后的行动不详，难以推测他是否在卑弥呼尚未去世的时候就把诏书、黄幢等物带了回去。恐怕他并没有赶上。

关于张政的行动，他跟壹与的关系也存在疑点。

（1）张政只以檄文告喻新立为王的壹与，并没有授予魏王诏书（此时可以不需要黄幢）。那是因为张政手上并没有诏书，那么他既有可能进入了倭国，也有可能身在带方郡。不过从上述理由来判断，自然是后者。

（2）最大的问题是，壹与任命了足足二十名使者"诣台"（前往魏国都城洛阳），进贡大量物品时，提到了"送政等还"这样的文字。就算张政等人去到了倭国，经朝鲜半岛陆路或沿岸海路北上至带方郡的途中，带领壹与使团同行应该是张政的任务。不管怎么说，张政都不可能被倭国使者护送。这种说法明显存在主客颠倒。尽管如此，文中还是出现了只能这样理解的表述，这是为什么？莫非发生了非常严重的事态，导致张政此时的立场出现了戏剧性变化？

出云与大和

表 3　倭魏关系年表（卑弥呼三次、壹与一次遣使）

年份	《魏志·倭人传》概要	解说
239（魏景初三年）	①"六月，倭女王（卑弥呼）遣大夫难升米等诣郡，求诣天子朝献，太守刘夏遣吏将送诣京都。"卑弥呼献男生口四人、女生口六人、班布二匹二丈。 ②十二月，明帝甚为欢迎，赐卑弥呼亲魏倭王称号，"假金印紫绶"，赐予绛地交龙锦五匹、五尺刀二口、铜镜百枚等。使者难升米亦获赐称号，假银印青绶。	①带方郡太守刘夏接受了倭女王卑弥呼的请求，令郡吏送倭使者难升米等前往洛阳，倭使者献上倭王进贡的物品。 ②倭使者得到魏王的册封和印绶，郡吏将魏王赐予卑弥呼的金印紫绶和铜镜百枚等物品带回带方郡。
240（魏正始元年）	③带方郡"太守弓遵遣建中校尉梯俊等奉诏书印绶诣倭国，拜假倭王，并赍诏赐金、帛、锦罽、刀、镜、采物，倭王因使上表答谢恩诏"。	③带方郡太守（已换为弓遵）遣郡吏出使倭国，将②的物品带给倭王。
243（魏正始四年）	④"倭王复遣使大夫伊声耆、掖邪狗等八人，上献生口、倭锦、绛青缣、绵衣、帛布、丹木、狖、短弓矢。掖邪狗等壹拜率善中郎将印绶。"	④倭王再次派遣使者（经由带方郡）出使魏国，献上进贡物品。使者获赐印绶。
245（魏正始六年）	⑤魏少帝赐倭难升米黄幢，付郡假授。	⑤得到进贡物品后，魏王回赐御诏和黄幢（由带领倭国使者的郡吏带回），授予身在带方郡的难升米（是否带回倭国不详）。

122

第二章　邪马台国的终结

续表

	《魏志·倭人传》概要	解说
247 （魏正始八年）	⑥"太守王颀到官。倭女王卑弥呼与狗奴国男王卑弥弓呼素不和，遣倭载斯、乌越等诣郡说相攻击状。遣塞曹掾史张政等因赍诏书、黄幢，拜假难升米为檄告喻之。"	⑥带方郡太守王颀接到倭女王卑弥呼传来的消息，派遣郡吏张政等<u>前往洛阳</u>，接到魏王的诏书和黄幢之后返回带方郡，将物品授予身在带方郡的倭使者<u>难升米</u>，以檄文告喻卑弥呼。
247~248 （魏正始年间）	"卑弥呼以死"（北史记为"正始年中"），"大作冢，径百余步，徇葬者奴婢百余人"。 以下缺少年次： ·"更立男王，国中不服，更相诛杀，当时杀千余人。" ·"复立卑弥呼宗女壹与"（宋本《太平御览·梁书·北史记》为"台与"），"年十三为王，国中遂定"。 ⑦"政等以檄告喻壹与。" ·"壹与遣倭大夫率善中郎将掖邪狗等二十人送政等还，因诣台，献上男女生口三十人，贡白珠五千，孔青大句珠二枚，异文杂锦二十匹。"	·卑弥呼去世。 ·虽立男王，但国中大乱 ·复立宗女壹与（或称台与），始安定。 ⑦张政等以檄文告喻壹与。壹与的使者与身在带方郡的张政等前往洛阳，向魏帝献上贡品。
263 265 266 （西晋泰初二年）	▽魏灭蜀。 ▽魏亡，西晋起。 ⑧十一月，倭女王遣重译贡献。（神功皇后六十六年条所引晋起居注。《晋书·武帝纪》作"倭人"。）	⑧或与⑦为同一件事。若如此，则张政参与倭魏外交事务的时间为⑥到⑧的这19年。

123

出云与大和

晋灭魏

那个严重的事态,就是265年魏国被晋灭亡。因此,魏国都城洛阳成了晋国都城,带方郡的张政等人霎时成了亡国之民。不过将魏灭亡并建立晋的人是魏将军司马炎,所以张政等人回国应该并没有受到阻碍。但不可否认的是,这确实是危及自身进退的事态。

此时出现的便是倭女王壹与的使者。张政等以此为契机,带领使者团从带方郡回到曾经是魏都城,现在已经成为晋都城的洛阳,将本来进贡给魏王的物品进献给了晋王。此举果然奏效,使张政等人在新的统治者面前保全了自己的地位——这或许就是"送政等还"的真相。

我可能借助《魏志·倭人传》年次不详的事实,过分任由想象发挥。不过这个推论也具有一定理由。

首先,《魏志·倭人传》最后部分始终在讲述张政的活动,俨然成了张政的故事。正因如此,就有必要一直讲述到张政归国。

其次,根据《日本书纪》(神功皇后纪)记载,这一时期确实存在过向晋朝朝贡的"倭女王"。

之前摘录了神功皇后纪所引用的《魏志·倭人传》中卑弥呼对外关系的内容,实际上,神功皇后六十六年(皇后去世三年前)条还有另一则和对外关系有关的内容。当然，这条内容的出处并非《魏志·倭人传》。

> 六十六年，是年，晋武帝泰初二年（266）。晋起居注（天子的言行记录）云"武帝泰初二年十月，倭女王遣重译贡献"。

卑弥呼大约是在正始末年，即250年前后去世，因此十五六年后的女王自然不可能是卑弥呼，而有可能是其后被拥立为王的宗女壹与。如果是这样的话，那就是壹与遣使到曾经是魏都而此时已然成为晋都的洛阳向晋王朝贡。

向晋朝贡的"倭女王"是谁？

然而，这个答案还是让人难以释然。

因为神功皇后纪提起朝贡之事时，以"晋起居注"为依据，但是《晋书·武帝纪》中只提到"（泰始二年）十一月乙卯，倭人来献方物"。既不是"倭女王"也不是"倭王"。顺带一提，所谓起居注，是逐一记录天子行动的文字，皇帝"实录"就是根据起居注来编纂的。武帝的起居注应该不存于世，所以无法对照原始史料，但这或许是《日本书纪》的编纂者在神功皇后纪中进行引用时，为保持与卑弥呼部分的统一性，才把"倭人"改成了"倭女王"。不管怎么说，关键在于倭国人在魏灭亡的第二年就向晋朝贡这一事实。假设"倭人"之主是壹与，那么应该可以说，当初遣使的意图与结果不同，只是恰逢中国社会变动，才让使团成了晋都最初的朝贡者。

壹与是伊都国的女王吗？

在这里，我希望进一步展开想象的翅膀。这个壹与虽说是卑弥呼的宗女，但她是否可能与卑弥呼并无血缘关系，而是伊都国的女王呢？之所以这样想，是因为最早能得到晋灭魏这一消息的地方，大概就是伊都国了。因此伊都国国王马上与新王朝交好也是很正常的事情。而且，壹与（iyo）或台与（toyo）的名称也与伊都（ito）国有相通之处。

想象之翼只能伸展到这里。那么，邪马台国后来怎么样了？

邪马台国的终结与"神武东征"

我认为，在《魏志·倭人传》记述的最后，也就是魏亡国前后，邪马台国也灭亡了。《魏志·倭人传》最后之所以欠缺年份，恐怕是因为在社会动荡中，难以逐一进行说明，或者说干脆放弃了说明。

卑弥呼去世时，有一股新势力趁倭国大乱开始向东移动，最后对邪马台国发起了猛烈攻击。《魏志·倭人传》

中无从得知的邪马台国最后的情况,实际在《日本书纪》中得到了明确记载,那就是所谓的"神武东征"。

5. "神武东征"故事

直面"神武东征"故事

邪马台国的实际政治可能由男王掌控,但这是一个以卑弥呼这个拥有优秀萨满能力的人为中心才得以成立的女王国。因此不难想象,失去了主宰之后,邪马台国——正确来说是邪马台国联盟的团结就出现了动摇。不仅如此,正如《魏志·倭人传》记载,在卑弥呼去世前后,以狗奴国为首的各方势力都表现出了征服邪马台国的动向。其中最大的势力,恐怕就是记纪中记载的集结在九州地区伺机而动的神武势力。这股势力可能一得到卑弥呼去世的消息,就马上朝邪马台国大本营发起了进攻。

我在执笔本书之时,就希望直面这些"神武东征"故事。对于在第二次世界大战之后开始历史研究的人来说,研究"神武东征"故事是个极有压力的工作。因为我们知道第二次世界大战前及战中将神话传承作为历史进行讲授的历史教育受到了严厉的批判。其中"神武东征"又被认为是虚构性最强的故事而非历史,对其展开研究必

出云与大和

然会遭到非难,被认为是开历史研究和历史教育的倒车。

尽管如此,我还是要提起"神武东征"故事的理由有两个。

首先,站在邪马台国与大和朝廷之间没有连续关系,两者之间存在断裂的立场来看,应该认为是外部进入的势力成立了大和朝廷。此时浮出水面的便是《古事记》和《日本书纪》中记载的神武势力,有必要弄清入侵大和的情况。

其次,神武势力入侵大和的情况对应了上文已经明确的邪马台国的"四官"体制(参照本书第108~109页),可以判断神武入侵大和绝非空想之事。

因此,"神武东征"故事是十分值得探讨的主题。接下来将较为详细地讲述神武军与大和方面的攻防情况,试图勾勒出邪马台国灭亡时的情况。

生驹之战

根据记纪记载,从九州高千穗宫出发的队伍经宇沙、筑紫来到安艺、吉备,沿濑户内海向东推进,经过浪速之渡(大阪市中央区上町台地一带),自白肩津前往大和,与严阵以待的登美能那贺须泥毗古(长髓彦)在日下的蓼津激战后败退。神武之兄五濑命此时受了重伤。《日本书纪》记载这场战斗的情况如下:神武军试图溯河(现在的寝屋川）行至河内国的日下（东大阪市日下町一带）上岸再越过龙田，但其路狭险，只得折返，再次试图翻过东边的生驹山进入国中，与长髓彦的队伍在孔舍卫坂（现近铁奈良线生驹隧道西出口山麓）展开激战。

日下古称日下江，是一片广阔的海湾。神武势力尝试在这里登陆，却遭遇翻过生驹山在海湾严阵以待的长髓彦部队，与之展开激战。孔舍卫坂现在设有石切剑箭神社，祭祀着物部氏之祖饶速日命。

第一章已经提到过，饶速日命是乘坐天磐船降落河内，然后进入大和的物部氏的祖神，与长髓彦的妹妹成婚。长髓彦就是追随饶速日命的豪族。

生驹之战值得注意的部分是长髓彦事先知道神武入侵，并且严阵以待。那是因为对邪马台国来说，在生驹抵挡神武军的攻势是首要课题。在长髓彦的指挥之下，这一行动获得了成功。无须赘言，这场胜利将引导以后的战事走向有利的局面。

在熊野二次登陆

神武军被生驹山到金刚山之间连绵的山脉阻挡了前路，只得南下，绕过纪伊半岛，终于在熊野（和歌山县新宫市一带）成功登陆。而且迂回途中，身受重伤的五濑命还在纪国男之水门（和歌山市和田）殒命。本来从

出云与大和

和田溯纪之川而上是进入大和的最佳选择，然而神武军没有这么做，而是迂回到了熊野。其理由在于，经纪之川进入大和，需要先消灭葛城的势力。葛城有祭祀出云之神阿迟须枳高彦根命的高鸭神社，可见控制那一带的是鸭氏一族。

神武军在熊野登陆后，也经历了苦战。记纪均提到神武军刚进入熊野就因为神毒而失去了意识。然而从天而降的神剑布都乃魂（现祭祀于石上神宫）成功挽救了神武军，于是部队从吉野一路开向菟田（现宇陀市菟田野宇贺志一带）。菟田的兄宇伽斯企图袭击神武，他的弟弟弟宇伽斯却向神武密告此事，并且八咫乌也登场，帮助神武获得了胜利。

记纪内容的差异

值得留意的是，记纪关于自菟田（宇陀）开始到神武军进入大和盆地为止的战斗记载出现了很大的差异。《古事记》只列举了忍坂的土云和登美毗古、兄师木、弟师木的名字和久米歌，其后就突然发展到了饶速日命归降，简单讲述了神武完成平定事业，最后在橿原宫实现了治政。与之相对，《日本书纪》则详细记述了此间神武军的动向，以及试图抵御神武军入侵的大和各个势力与其的攻防情况，可见两者的关注之处截然不同。最值得注意的，便是大和阵营为了抵御神武军所布阵的地点。

为了抵御停留在菟田的神武军，大和势力在三个要地配置了兵力：

（1）女坂（越过小山口，从栗原、忍坂进入樱井）；

（2）男坂（越过大山口，进入多武峰）；

（3）墨坂（宇陀市榛原西山口，连接大和与伊势的要地）。

如此一来，便封锁了从宇陀到大和的山口道路。此外，为了防止敌军越过山口，还在以下地点配置了兵力：

（4）磐余（樱井至橿原市东侧）；

（5）矶城（樱井市三轮山麓）。

并且，还考虑到了从多武峰入侵飞鸟方面的可能，在以下地点配置了兵力：

（6）高尾张（御所市西南部葛城地区）。

为了阻止神武军进入大和盆地，大和势力从东部到西南部配置了宛如城墙的战阵。还有一点需要注意，大和势力的布阵还与《出云国造神贺词》中登场的"皇御孙命之近守神"地点——三轮山、鸭、柏森重合，这点将在下文具体论述。因为这些都是出云系的神明，足见抵御神武军入侵的部队皆为出云势力。卑弥呼去世后的邪马台国联盟为了守护王国，可以说集结了全部力量。然而神武军还是越过墨坂，攻破矶城，进入了大和。

出云与大和

长髓彦之死与大和朝廷的成立

可是，神武军接下来却遇到了长髓彦这个难关，连续几次交战都未能获胜。长髓彦在孔舍卫坂成功抵御神武军后，又斜穿大和盆地往樱井方面移动，再次与神武军交战。彼时飞来一只金鸱，令长髓彦的兵将失去气力。于是长髓彦向神武派出使者称："尝有天神之子，乘天磐船，自天降止，号曰栉玉饶速日命。（中略）是娶吾妹三炊屋媛（鸟见屋媛、登美夜毗免）。（中略）遂有儿息，名曰可美真手命。（中略）故，吾以饶速日命，为君而奉焉。夫天神之子，岂有两种乎，奈何更称天神子，以夺人地乎。"后来长髓彦得知神武乃天神，却并没有放弃战斗。于是饶速日命将已经成为危险人物的长髓彦杀死，率众归顺神武。《古事记》提到饶速日命彼时献上了"天津瑞"，这点将在论及"让国"时详述。神武战胜，进入大和，在橿原之地营造宫殿并即位。这就是大和朝廷的成立。

长髓彦是什么人？

在神武入侵大和时，最初和最后与之作战的长髓彦究竟是什么人？

《古事记》将其记为登美能那贺须泥毗古、登美毗古，可以推测是盘踞在现奈良市富雄地区的豪族。富雄地区位于现大阪府交野市进入奈良县的磐船街道之上,西侧则以生驹山为界,与东大阪市接壤。因此,越过生驹山之后,就很容易绕到前方,在孔舍卫坂等待神武军的到来。上文已经提到,孔舍卫坂设有石切剑箭神社,祭祀长髓彦侍奉的饶速日命及其子可美真手命。其背后的生驹山中还有上之宫,相传为该神社的元宫。饶速日命被祭祀在生驹山,想必是因为长髓彦的关系。

追寻长髓彦的传说

我花了一天时间,从石切一路走到富雄,沿着富雄川追寻长髓彦的传说。富雄川发源于奈良县北部的生驹市高山町,向南流经奈良市、大和郡山市、斑鸠町,在安堵町汇入大和川。我之所以这么做,是因为富雄川流域散落着几个跟长髓彦有关的遗迹。尤其是伊奘诺神社(生驹市上町,长弓寺内旧天王社)(图34)、添御县坐神社(奈良市三碓)(图36)以及登弥神社(奈良市石木町)(图35)分别被认为是上鸟见、中鸟见、下鸟见的镇守神社,与富雄川流域的居民有着很深的联系。其中添御县坐神社被认为曾是富雄地区的中心。其社殿的后山很像一座圆坟,可以感受到其悠久的历史,而且那里的传说也让我印象深刻。

该社祭祀的武乳速命在《新撰姓氏录》中被记为"大

图 34　上鸟见的镇守神社：伊奘诺神社（奈良县生驹市）

图 35　下鸟见的镇守神社：登弥神社（奈良市）

和国神别之添御县主为津速魂命之男，出自武乳速命"，社传中也将武乳速命奉为添御县一带首领的祖先。这个地区的人们相信武乳速命就是长髓彦，认为自己的祖先在神武东征孔舍御坂之战时追随长髓彦，从生驹山顶向神武的军队投掷大石。当地老者对我说起这些故事时，就像昨日刚刚发生过一样生动逼真。也就是说，现代依旧有人相信自己的祖先跟随长髓彦一起战斗过，并引以为傲。要将这种话斥为荒唐无稽自然容易，但请不要轻视老百姓的记忆。从这里深挖下去，不正是理解历史时极为重要的态度吗？

反叛者的烙印

图36 中鸟见的镇守神社：添御县坐神社（奈良市）

为何认为长髓彦是反叛者？那是因为与神武的军队战斗被认为是不敬不逊的行为，人们一直以来都忌讳提起那个名字。根据老者的说法，该社是在明治之后才从祭祀的神中去掉了长髓彦的名字。希望各位有一个认知,那就是日本在走向近代国家的时期,有不少这类神和人被有意抹去了。一介"土贼"一旦被打上反叛者的烙印,历史就是如此残忍无情。

长髓彦不仅曾经是生驹地区的首领,还被认为是饶速日命麾下的邪马台国联盟的总帅。出于同样的理由,他首先到生驹阻挡神武军入侵,随后赶赴樱井继续抵挡入侵,并且指挥了最后一战。

此外,多数《日本书纪》的注释书都把樱井之战中出现的鸱(tobi)讹传而成的地名"鸟见"(tomi)当成长髓彦的大本营"富雄",但这并非正确的理解。假设如此,越过墨坂进入矶城的神武军,就要从奈良盆地突然往西北方向移动,一直去到生驹,这是不可能的。神武与长髓彦最后一战的地点,应该是现近铁樱井站附近的"外山"(tobi)地区(樱井市)。如此一来,神武在进入大和之后就能在外山附近的橿原营造宫殿,把周围定为磐余(官兵大量聚集之地)。本章扉页为葛城山上(缆车站上的展望台,从这里眺望的效果比山顶更好)远眺樱井方向的照片,应该能清楚看到其地理情况。

豪族、土豪的抵抗

邪马台国就这样迎来了终结。可是《日本书纪》在

第二章 邪马台国的终结

神武与长髓彦的战斗之后，还记载了讨伐盆地内四处不愿归顺的叛贼（图37）的故事，其中也包含了应该注意的事实。

①层富县哕哆丘岬的新城户畔：

大和国添县。现奈良市到大和郡山市新木町之间的地区。也包含上述的添御县坐神社。可以认为是富雄川流域全境。

②高尾张邑的土蜘蛛：

葛城地区。应为现御所市西南部。

③和珥坂下的局势祝：

天理市和尔地区。

④脐见长柄的猪祝：

大概位于天理市长柄。

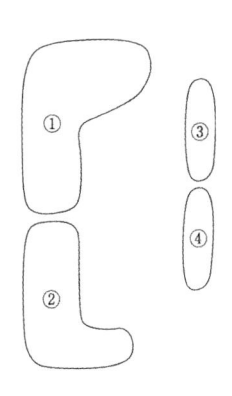

图37 四处抵抗势力的分布

出云与大和

这些故事提到，神武进入大和、结束征战之后，实际仍遭到了很多"残党"的抵抗。上述①~④的区域与邪马台国的四官（参照图32）中环绕"奴佳鞮"（中央）的三官负责的地区完全重叠。也就是：

①层富县→（1）伊支马＝生驹（奈良县西北部）；

②高尾张邑→（2）弥马升＝御所市（葛城地区）；

③和珥、④脐见→（3）弥马获支＝天理市（天理到樱井一带）。

这就证明支撑邪马台国四官（除中央以外的三官）体制的豪族、土豪对神武入侵大和之举做出了激烈的抵抗，无论在神武从外部进入之前，还是进入之后都未曾停歇。这是确信神武入侵大和反映了史实的最后及最大的理由。

第三章　大和王权的确立

栋持柱（原伊势大江外宫）

1. 何为"让国"？

饶速日命的归顺是"让国"

邪马台国虽然遭到外部势力（神武军）入侵而灭亡，但这不是战败的结果。因为其统帅——饶速日命在最后阶段不战而降了。饶速日命为了选择和平的道路，甚至不惜杀死了自己最为信赖的下属长髓彦。若问他的决断是否正确，恐怕要先探讨其行为的意义。

这里再回顾一遍神武进入大和时的情况。神武军几经辛劳终于进入大和，但无论如何都无法战胜从生驹转移到樱井方面迎战的长髓彦。神武方并非具有压倒性的优势，长髓彦一方也有战胜的机会。可是饶速日命杀死积极主战的长髓彦，然后投降了。另有一说认为他杀死的是长髓彦之子可美真手命，不管怎么说，那都是强行压制主战论、坚持无血开城的行动。此时饶速日命心中究竟在想什么，记纪中并无记载。

如此看来，饶速日命的归顺是否可以说是"让国"呢？若在全面对决中败北，那就唯有降伏，无从让国。可以认为，只有出让一方留有余力，才能够实现让国这一举动。在这个意义上，饶速日命的归顺可以说是以保持一定

第三章 大和王权的确立

权益为前提的最佳选择。就这样，邪马台国体面地灭亡了，这可谓是一场沐浴着荣光的消亡。

"让国"的作用与意义

当然，记纪中的"让国"是指创造并统治苇原中国（地上世界）的大国主神遵照天照大神之命，将统治权让给天孙。可是众所周知，大国主神以出让苇原中国给天津日继（天皇家）为条件，要求对方为自己营造跟天皇家一样宏伟的宫殿。这也可以说是唯有让国才能得到的结果。因为这一约定，后来修建出云大社成了大和朝廷的沉重负担。饶速日命的归顺（让国）与大国主神的让国相似，应该可以将其视为神话的原型。在神话世界，让国完成后，天津彦彦火琼琼杵尊（以下称琼琼杵尊）天降苇原中国，故事转到了"天孙降临"。可见，"让国"是"天孙降临"的前提，也是它的必要条件。

可是天孙降临故事中有一点让人难以理解，即天孙获得苇原中国的统治权后，为何没有降临到大和，而是选择了九州的日向高千穗峰（鹿儿岛县雾岛，或宫崎县高千穗峡）。若他得到了整个地上世界，难道不应该直接降临到大本营大和吗？

但他并没有这样做。不仅如此，其后为了进入大和，

出云与大和

还不得不展开东征这场大业。这就让人产生怀疑,不知让国的意义何在了。仔细想来,号称天孙的神武势力,本来可能是以南九州岛一带为据点的豪族,他们只能从那里出发,去入侵邪马台国联盟的中心地大和。

可是,若神武以压倒性的优势击败了邪马台国,恐怕就不存在让国甚至东征的故事了。因为最理想的应该是在没有敌对者存在的情况下建立朝廷。如此想来,可以说饶速日命的决策(让国)无论对哪一方来说都是其后行动的前提,而且其作用和意义极为重大。

咒术集团物部氏

在理解了实际完成让国的饶速日命的行为之后,值得瞩目的就是他将"天津瑞"(带有天印的神宝)进献给神武。然而这一行动只在《古事记》中得到记载,《日本书纪》并未提及。

详细记录了天津瑞内容的是《先代旧事本纪》。这本书由物部氏撰写于平安初期,有必要注意其中强烈突显了物部氏的立场。书中记载,天津瑞一般被称为"十种神宝",并列举如下:

> 澳津镜、边津镜、八握剑、生玉、死反玉、足玉、道反玉、蛇比礼、蜂比礼、品物比礼

第三章 大和王权的确立

将其分类,可分为"镜"、"剑"、"玉"和"比礼"。从这些神宝中,可以联想到象征天皇家的所谓"三神器"——八咫镜、草薙剑、八坂琼曲玉,应该说它们就是以十种神宝为原型的。从这里也就能看出献上十种神宝的意义了。

不过,这里更值得重视的应该是"比礼"。《古事记》大国主神条中记载了这样的故事:大国主神(大穴牟迟神)从八十神手中逃脱,前去寻找根之坚州国的须佐能(之)男命时,虽与对方的女儿须势(世)理毗卖结婚,却受到了须佐能(之)男命的考验。首先,他要在"蛇室"度过一夜,次日则被关进"蜈蚣与蜂室"。但是须势理毗卖第一天给了他"蛇比礼",第二天又给了他"蜈蚣与蜂之比礼",并告诉他如何使用。有了她的帮助,大穴牟迟神得以平安从两室中离开。

"比礼"(领巾)指女性搭在肩部的薄布片,但须势理毗卖告诉大穴牟迟神"以此比礼三举打拨",可见它并非用于穿戴的领巾,而是施行咒术的道具。而须势理毗卖交给大穴牟迟神并教授其用法的领巾,可以认为就是十种神宝中的"蛇比礼"和"蜂比礼"。

按照这个思路,饶速日命持有的"十种神宝"自然就是出云的大国主神从其正妻须势理毗卖那里获得的东西,而且大国主神还从她那里习得了相应的咒术。相传为

出云与大和

天照大神赐予的"十种神宝"及其咒法，就成了大国主神与正妻一道获得的力量，并在出云王家代代传承。后来，这些东西被进献给神武。尤其是咒法的进献（等同于放弃）无疑是极为重大的决策。

然而咒术需要人来施展，大和朝廷却没有那样的人才。如此一来，神宝就成了无用之物。这可能就是获得咒术传承的物部氏在统治者变为大和朝廷之后依旧得到重用，并且进献的咒术其后依旧由物部氏持有的原因。

饶速日命的出身和根据地

这里还想进一步讨论一下与邪马台国的终结和大和朝廷的成立关系匪浅的饶速日命。

首先是他的出身。《日本书纪》将饶速日命记为天神御子，如果将其理解为天孙，那么他应该会欢迎神武进入大和，也就没有必要让长髓彦与其展开死斗了。在神武势力进入大和之前及之后（彻底恢复和平前），与其展开彻底对抗的都是饶速日命麾下的势力，因此两者不可能属于同一系统。我认为从这个绕速日命和后来异名同神的火明命的关系来看，就可以弄清他的出身。

其次是他的根据地。根据《先代旧事本纪》所记载的天磐船传说，饶速日命乘坐天磐船从天上降落到地面，一开始落在河内国的哮峰，然后又落在了大和国鸟见的白庭山。我认为后者应该是指富雄川流域的鸟见地区，于是展开调查，发现矢田坐久志玉比古神社（奈良县大和郡山市矢田町）（图38）的所在地被认为是白庭山。前去一看，神社内有与饶速日命相关的射箭传说，并衍生出了"矢落神社"这个别称。神社的工作人员告诉我，从天上射出的三支箭分别落在这里与田原本町（可能曾有卑弥呼的王宫）以及前方的三轮山。这个故事极具启发性，而且当天虽然有雾，从这里依旧能远眺三轮山的轮廓，令我确信这里无疑就是饶速日命的根据地。

图38 矢田坐久志玉比古神社与杵筑神社的蛇卷

此外，该神社每年一月八日举行纲挂祭，祭典过程中会将象征雄龙与雌龙的两根粗绳悬挂在神域前面。这可能是与明日香村等地的劝请绳一样，乃除魔的风俗。两道粗绳在悬挂之前以缠绕形式安置，这也与田原本町今里的杵

出云与大和

筑神社、御所市蛇穴的野口神社等处可见的蛇卷相似，令人联想到出云的荒神信仰。久志玉比古神社祭祀的是饶速日命与长髓彦的妹妹御炊屋姫（登美屋姫），然而其原本应属于信奉蛇与龙之神的水神信仰系统。这一点也让人认为饶速日命属于出云一系。三轮山大神神社祭祀的大物主神本来就是蛇，出云大社在神在月为八百万神引路的也是龙蛇神，可见这些都属于蛇神信仰。

如此梳理下来，应该认为饶速日命在记纪中被记为天神乃后世改动，他本来源自出云族，是如同邪马台国之王一样的人物。如后文所述，这种改动应该是后世各氏族为将其起源与大和朝廷联系起来的结果。

2. 伊势神宫的成立

大物主神与巫女的婚姻

神武进入大和，在橿原宫即位成为天皇，立比卖多多良伊须气余理比卖为皇后。这一婚姻的意义甚为重大。

根据《古事记》记载，她是三轮山大物主神与三岛的湟咋（摄津国岛下郡沟咋神社，现大阪府茨木市五十铃町）之女势夜陀多良比卖所生的女儿，住在三轮山山麓的狭井河（川）畔。

第三章　大和王权的确立

狭井川源自三轮山，与初濑川合流，从大神神社的摄社——狭井神社往笠缝的桧原神社方向走一小段，就来到狭井川沿岸，这里直到现在都被称为"出云屋敷"，保留着公主宅邸的氛围。这一带还留有祭祀遗迹，暗示这位公主还有祭祀三轮山（大物主神）的巫女的性质。她身为神武的皇后，又被选为大物主神的巫女，应该是由于大和王权为了笼络出云势力祭祀的出云之神，让留在大和的出云族对其顺服。由此可见三轮山与大神神社的重要性。

联姻的意图

天皇与皇族以外的氏族缔结婚姻关系，通常会被解释为天皇与该氏族关系亲近，但事实并非如此。其实应该反过来，正因为两者处于敌对或紧张关系，才要利用联姻这一手段。这是表面被粉饰为和亲的归顺。尤其在建国初期，婚姻含有更为浓厚的政治意图。与神武天皇同样被誉为"御肇国天皇"的崇神天皇就先后与纪伊国造之女、尾张连祖先之女、继承物部氏血统的大毗古之女缔结了婚姻关系，其后垂仁天皇又从丹波国迎娶了一对姊妹，联姻的意图非常明确。

从神武到崇神的实际年数应该没有记纪所述那般漫长，不过在此期间，天皇面临的课题便是继承神武进入大和的功绩，令大和内部及周边地区归顺统一。特别是和尾张、丹波等与前朝势力仍保持联系的氏族通婚，就是令这些氏族归顺，让大和王权完全掌控现在近畿一带的最有效手段。

神祇政策的推进

我们不仅应该注意到神武、崇神通过婚姻关系来推进大和国内外势力的政治归顺，同时还应该注意他们推进的神祇政策。神武与三轮山的巫女结婚，可以说其中就有这样的意图。到崇神天皇这一代，由于三轮山的大物主神作祟，国内疫病流行，当时便由该神的子孙意富多多泥古作为祭祀者祭祀大物主神。此事与祭祀通往各国的坂、川之神及设立祭祀天神、地祇的神社综合起来，就成了神祇政策。尤其是关于前者，《日本书纪·崇神纪》提到"传大物主神之神意的倭迹迹日百袭姬命称，以大田田根子（意富多多泥古）为祭主祭祀大物主神时的神班物者（分配币帛和准备祭具之人），定为饶速日命的五世之后，物部之祖伊香色雄"。从这里也可以知道物部氏是传承了十种神宝的咒术集团。

后来倭迹迹日百袭姬与三轮山之神完成了神婚，但因让神蒙羞而死去。这一三轮山传说（三轮山的神体是蛇）令人们为她建造了巨大的墓葬（推定为箸墓古坟）。这些传说提示了倭迹迹日百袭姬和上文提到的伊须气余理比卖这样的巫女所进行的三轮山之神祭祀都是由某个特定氏族（大田田根子的子孙是大三轮氏）来主持的，准备祭器和掌酒之人也同样出自特定的氏族。这一事实证明，从神武时代开始的大物主神归顺天皇的过程至此便完结了。神祭的形式被确定下来，在墨坂和大坂①这种通往大和的主要出入口祭祀坂神，这同样也可以作为完成大和国内统治的证据。

派遣四道将军

在确定已经平定大和之后，崇神天皇又以"远荒人等，犹不受正朔"为由，派遣了四道将军。四道指北陆道（越国）、东海道（尾张以东十二国）、西道（吉备）和丹波。上文先后提到，越、尾张、丹波、吉备自古就是出云族定居的地区。不过，后期又出现了倭建命西征（隼人、出云）、东征（自东海至东国）的故事，因此吉备与越国的归顺可能还需要往后推迟一些。但可以明确的是，大和王权支配大和之后，下一个目标就是令大和周边地区，特别是出云势力影响较大的地区归顺。

如上文所述，垂仁天皇从丹波国迎娶两后，那对姊

---

① 即"大阪"，原本两者混用，明治以后逐渐统一为"大阪"。——译者注

出云与大和

妹的父亲就是四道将军之一的丹波道主命（彦坐王）。根据海部氏的《堪注系图》记载，垂仁皇后日叶酢姬命是火明命第十四孙世川上真稚命之女，另在附注中记载川上真稚命"一云道主命"，与丹波道主命重合。且不论其真伪，想必确实存在天皇迎娶丹波首领之女的事实。既然如此，则可以推测在崇神之后的垂仁时代，丹波也不得不归顺了大和朝廷。这点与后文将详述的倭姬巡行有所关联。

倭建命与美夜受比卖的故事

记纪中有一段关于尾张的记载让人格外印象深刻。那就是景行天皇的皇子倭建命与美夜受比卖的故事。

倭建命为平定东方十二国而来到尾张国，想与尾张国造之女美夜受比卖结婚，与之约定待平定东国归来之时就完婚。后来倭建命平安归来，按照约定与美夜受比卖结婚。根据上文提到的理由，这场婚姻意味着尾张氏归顺大和王权。

可是在我看来，故事后面的发展略显怪异。

与美夜受比卖完婚后，倭建命又出发征讨近江伊吹山之神，彼时他将叔母倭姬命赠予他的草薙剑留在了比卖身边。倭建命在伊势得到倭姬命赠剑，又因为这把剑在相模国逃过了大难，此次却扔下自己的守护之物空手出门了。

第三章 大和王权的确立

按照常识来考虑，这种行动极不合理。结果倭建命在战斗中落败，并在能烦野（三重县铃鹿山脉野登山一带）死去。

为何倭建命此行没有携带神剑呢？因为草薙剑被祭祀在热田神宫（爱知县名古屋市），可以将这个故事理解为神剑由来，可尽管如此，还是令人费解。莫非这是尾张氏抗拒归顺，从而想到的策略吗？而且，美夜受比卖与倭建命的互动也存在不自然之处。这个美夜受比卖还是火明命第十一世孙、尾张国造乎止与命之女，想必有非常强的氏族意识。这一发展让人不由得想象，是尾张一族利用美夜受比卖故意导致了后来的结局。《古事记》讲到倭建命辞世时还附歌一首：

姑娘闺床侧，我置大刀来，
大刀乃神剑，呜呼我大刀。

一般将这首和歌理解为倭建命对美夜受比卖的爱怜之情，但我认为这传达了倭建命的感叹，被姑娘扣押了重要的大刀，那把大刀啊（我做了多么愚蠢的事情）。

然而，尾张氏最后还是归顺了大和朝廷，而且朝廷还为祭祀三神器之一的草薙剑而修建热田神宫，将尾张氏封为掌管神宫的祝部。大和朝廷此举是要求尾张氏的绝对忠诚。从这个意义来说，这是最为彻底的归顺。

出云与大和

天照大神 = 镜祭祀

三神器之一的草薙剑便是如此被送入了热田神宫，另外两件神器是八咫镜和八坂琼曲玉，其中曲玉保存在宫中，而三神器中最受重视的便是镜。因为八咫镜是天照大神的化身。

会产生将镜看作天照大神化身的想法，可能与神话中著名的天岩户一事有关。

藏在岩屋的天照大神听见外面喧嚣，感到很奇怪，便轻轻将门推开一条缝向外窥视。彼时，天照大神的身影映在镜中，让天照大神误以为那是别的神，便探出身子想仔细查看，就在那个瞬间，大神被人从岩屋里拽了出来。

记纪时代已经产生镜不仅会映出人的样子，而且是容纳人之灵魂的容器这种概念，想必是为了展示将镜作为天照大神的容器加以祭祀之意，人们才创造了天岩户的故事。天照大神要求人们将镜看作自身加以祭祀之举，正是这一概念的体现，并且衍生出了"同殿共床"①的习惯。

在此之前，以北九州为中心，大量中国镜传入日本，而捧镜在手的人必定会在镜中端详自己的面容。然而此时的镜

---

① 或称同殿同床，指与神共同起居，以全部生活起居来领会神意。主要指天照大神与天皇的同殿共床，崇神天皇之后废止。——译者注

只被当作彰显地位之物，尚未产生镜的灵性意识。这种意识反倒首先诞生于相对较晚得到镜的畿内大和，让人非常好奇。

《日本书纪·崇神纪》详细描述了天照大神的神祭，概要如下：

> 天照大神（中略），并祭于天皇大殿之内。然畏其神势，共住不安。故，以天照大神，托丰锹入姬命，祭于倭笠缝邑，仍立矶坚城神篱。

文中的"矶坚城"为"坚固"之意，所以是用榊树①这类常绿树建造坚固的神域，将天照大神祭祀其中。

然而，天皇与天照大神同殿共床之举，本来是天照大神亲自授意。《日本书纪》天孙降临条（神代下第九段一书第二）中这样记载道：

> 是时，天照大神，手持宝镜，授天忍穗耳尊而祝之曰："吾儿，视此宝镜，当犹视吾。可与同床共殿，以为斋镜。"

于是，降临到地上的代代天皇都将镜视作天照大神，

---

① 即杨桐树。——译者注

悬于起居之处进行奉祭。也就是说，同殿共床的开端，是因为天孙降临之后，他与天照大神（在天界）的日常关联从此断开了。同殿共床之举将镜视作天照大神的化身，从而将人界作为大神象征性存在的镜的灵性提升，促进其神格化，也因此让人产生了唯恐镜与日常生活发生关联的恐惧感。于是，镜就被放到了非日常的场合进行祭祀。

"社殿"祭祀的开端

崇神天皇在宫殿外部建造了坚固的神篱，把镜（天照大神）祭祀于其中，但那并不意味着镜被暴露在风雨之中。平时可能是将榊树等作为代替品进行祭祀。可是这并非镜等于天照大神的观念产生以后，对天照大神（镜）进行恒常祭祀的形式。将镜视作神的观念，又催生了为祭祀镜而创造更相符的形式的需求。

那就是"社殿"祭祀。只不过，这种建筑物必须建在被隔离的非日常的场所。无须赘言，这种想法最终促成了伊势神宫的创建，不过中间经过了很长时间才得以实现。在转移话题之前，我希望再对镜做些介绍。

三角缘神兽镜产自倭国

提到镜，就让人联想到卑弥呼景初三年（239）得到魏王赏赐的铜镜百枚。魏王还对使者说，这些铜镜与其他赏赐品"悉可以示汝国中人，使知国家哀汝"，而实际上它们应该是被分发给了各豪族。有人探讨过这些铜镜究竟是什么，我认为应该是三角缘神兽镜。因为国内古坟等出土的带有景初三年之纪年铭文的各种镜中，只有这种铜镜的出土数量达到了魏王赏赐的百枚以上，多达数百枚。这一事实便是铜镜为三角缘神兽镜的最有力佐证。"魏王钦赐之镜"这一头衔使得这种镜被赋予了附加价值，成为人们追捧的理由。因此应该认为，其中大部分都是倭国（日本）铸造的产物。

奈良田原本町的镜作神社

能够暗示这一点的，可能就是奈良县田原本町的镜作神社，正式名称为镜作坐天照御魂神社（矶城郡田原本町大字八尾）（图39）。相传这座神社将铸造内侍所祭祀的神镜时试做的镜奉为神体，并有社宝"三神二兽镜"，疑为一面外侧有缺损的三角缘神兽镜。恐怕神社周边曾经是邪马台国时代的铸镜工房，邪马台国灭亡后，工匠们又在大和朝廷的统治下继续制作铜镜。田原本町现存另外三座（稍微扩大范围就有四座）镜作神社，可以想象这里曾活跃着众多的制镜工匠。

也许，这些工匠试做铜镜时使用的原型便是卑弥呼的铜镜，因此制作了大量同样的物品。内侍所的镜也可以推测为田原本所造之物。

出云与大和

图 39 镜作坐天照御魂神社（奈良县田原本町）

为何彦火明命是主祭神？

其实，镜作坐天照御魂神社除了社宝之镜外，还有不可思议的传说。虽然祭祀的神体是试做之镜，但神社的主祭神是"天照国照彦火明命"，分坐其左右的则是石凝姥神（记纪中为引诱天照大神离开天岩户而造镜之神）及其父天糠户神（镜作连之祖）。左右之神无疑非常适合被祭祀在镜作神社，可是，主祭神为何是彦火明命呢？

答案的线索就隐藏在海部氏的《堪注系图》中。该书"卷首"记载，彦火明命亦名"天照御魂命"。也就是说，"镜作坐天照御魂神社"的名称包含了彦火明命之名。海部氏担任祝部的笼神社中，秘藏有直至昭和六十二年（1987）才公开的两枚铜镜，分别是"息津镜"（直径17.5厘米，东汉时代的内行花文镜）和"边津镜"（直径9.5厘米，西汉时代的莲孤文昭明镜）。虽然这些是不是弥生时代被海部氏入手之物不甚明确，不过上文提到的"十种神宝"中就有澳（息）津镜和边津镜，结合海部氏将两枚传世镜命名为息津镜和边津镜来考虑，可以认为十种神宝中的镜传到了海部氏手中。假设如此，其始祖彦火明命被祭祀在镜作神社便也说得通了。可是，海部氏并无制镜和制石的传承，其过程无法完全把握，实属遗憾。这将成为今后进一步探讨的课题。

伊势神宫的创始——倭姬命的作用

上文花很多篇幅介绍了镜，这里则试着考察天照大神（镜）祭祀之地的选址，以及倭姬命起到的作用。

《日本书纪》垂仁天皇二十五年三月条记载："离天照大神于丰耜（锹）入姬命，托于倭姬命。爰倭姬命，求镇坐大神之处而诣菟田筱幡，更还之入近江国，东回美浓，到伊势国。时，天照大神诲倭姬命曰：'是神风伊势国，则常世之浪重浪归国也，傍国可怜国也。欲居是国。'故，随大神教，其祠立于伊势国。因兴斋宫于五十铃川上。"倭姬命奉垂仁天皇之命，走遍日本各地寻求天照大神镇座之地，最后在伊势国建造了大神之祠（社），

出云与大和

还修建了斋宫。如此一来，天照大神（镜）便被奉祭在伊势之地，这便是伊势神宫的创始。

倭姬命的巡行

虽说将祭祀之地定在伊势，是倭姬命到达伊势时天照大神主动提出的，但从倭姬命巡行的路径来看，也应该认为祭祀之地一开始就决定是伊势了。尽管如此，为何倭姬命没有从大和（经伊贺）直接进入伊势，而是经过以下路径迂回一大圈呢？这就有必要审视所谓"倭姬命的巡行"的内涵和意义了。

记录倭姬命巡行的文献，除了上文提到的《日本书纪》，还有《皇太神宫仪式帐》（成立于平安初期）和《倭姬命世记》（成立于镰仓时期），后者内容最为详尽。因为成书最晚，其内容自然会有后世补充的部分，但正因为如此，才能通过解读成书的意图来明确本质。

《倭姬命世记》最值得关注的一点是：上文提到《日本书纪》记载巡行者从一开始便是倭姬命，但是此书所载一开始的巡行者是丰锹入姬命。

其巡行地为：

倭笠缝邑→丹波吉佐宫→倭国伊豆加志本宫→木乃国（纪伊）奈久佐浜宫→吉备国名方浜宫→倭之

第三章 大和王权的确立

弥和之御室岭上宫

丰锹入姬命一边祭祀天照大神，一边先后停留在这些地方，与当地氏族进行接触。

值得注意的第一点是，这些地区与倭姬命的巡行地并不重复，因此丰锹入姬命的巡行应该有独自的目的。证据就在于途中经过的丹波和吉备都是拒不归顺大和朝廷的国家。如此一来，《倭姬命世记》所记载的巡行地中，丰锹入姬命"负责的区域"就变成了最为重要的地区。其中最重要的便是从笠缝邑出发后最初造访的"丹波吉佐宫"（图40）以及在那里发生的事情。在这里停留的四年间，丰宇介神（丰受大神）为向天照献上御飨从天而降。这里提示了后来丰受大神作为天照大神的御馔津神被祭祀在伊势神宫外宫的由来。

图40　元伊势大江内宫（京都府大江町）

出云与大和

丹波国的作用

同样根据《倭姬命世记》记载,丰受大神在雄略天皇二十二年七月奉天照大神旨意,从丹波比治真奈井(现笼神社奥宫——真名井神社)转移至伊势国度会郡的山田原,作为向大神侍奉朝御馔、夕御馔的神而被祭祀。因为进贡御馔的机能完备,伊势神宫的体制正式完成,由此可见丹波国在其中起到了很大作用。可是这同样提示了丹波国以进贡御馔的形式被纳入大和政权的统治。巡行记可以被称为伊势神宫草创故事的一环,其中丰宇介神降临丹波则占据了非常重要的部分。这也是丰锹入姬命最初造访的地方是拒不归顺之国——丹波的理由。从这一记载中可以窥见海部氏的立场。

巡行的目的

接过丰锹入姬命的任务后,到进入伊势之地为止,倭姬命的巡行地如表4所示。一行人在祭祀天照大神(镜)的同时巡游各地,通常每到一地会停留数年。

巡行的目的首先是与各地的势力接触,令其归顺,向天照大神进献牺牲和神田、御园、神户、舍人、采女或船只。有功绩之人得以在当地修建神社,可以将其理解为摄社或末社。一行人通过这种工作,逐渐建立起了后来修建伊势神宫的经济基础。

第三章 大和王权的确立

表4 丰锹入姬命与倭姬命的巡行地

	国名	宫名	停留时间（年）	事项
丰锹入姬命巡行地	倭	笠缝邑	33	
	丹波	吉佐宫	4	丰宇介神从天而降,奉御飨
	倭	伊豆加志本宫	8	
	纪伊	奈久佐浜宫	3	地口御田
	吉备	名方浜宫	4	地口御田
	倭	弥和之御室岭上宫	2	
倭姬命巡行地	倭	宇多秋宫	4	地口御田
	倭	宇多佐佐波多宫		
	伊贺	隐市守宫	2	
	倭	穴穗宫	4	昆山、葛山户,地口御田,鲇取渊,梁作濑
	倭	敢都美惠宫	2	
	淡海	甲可日云宫	4	地口御田
	淡海	坂田宫	2	地口御田
	美浓	伊久良河宫	4	地口御田、船,天平瓮八十枚
	尾张	中岛宫		
	伊势	桑名野代宫	4	国造大若子命、建日方命共奉地口御田,神户
	伊势	铃鹿奈具波志忍山宫		神田,神户
	伊势	阿佐加藤方片樋宫	4	御赞之林,佐佐牟之木,天平瓮,地口御田,麻园
	伊势	饭野高宫	4	神田,神户
	伊势	佐佐牟江宫		
	伊势	伊苏宫		
	伊势	泷原国		
	伊势	久米小野		御园地
	伊势	二见国		坚盐
	伊势	矢田宫		
	伊势	宇治家田田上宫		
	伊势	奈尾之根宫		
	伊势	佐古久志吕宇迟国		御止代之神田
	伊势	五十铃川上宫		

· 161 ·

出云与大和

出云众神的登场

倭姬命一行最后来到伊势国。因为地方特殊，记述内容也就突然更为详细了。值得注意的是，这里有出云众神的登场，并且极为活跃。出云神之子伊势都差神及其子大岁神、樱大刀命、山神大山祇命、朝熊水神等想必都是跟五十铃川关系密切的地方神，他们在五十铃川流域的各处招待了倭姬命一行。也就是说，相对伊势众神皆为"镜坐"（以镜为神体之意）而言，这些出云系的神明皆为"石坐"（即磐座），这点已在磐座祭祀的论述中提及。配合同样在上文提到过的伊势津彦神离开信浓的行动，"伊势的出云"与伊势神宫的创建产生了关系，这点需要留意。图41为其中之一，即临水的朝熊神社（位于林中）的风景。因为是外部摄社，所以出云系的神明直到现在依旧被祭祀在伊势神宫内外。

图41 河边的朝熊神社（位于林中）

第三章 大和王权的确立

巡行的范围与时间

除了经济方面的考虑,巡行还有一个目的,那就是确认各地氏族的归顺状态,并促使仍在抵抗大和朝廷的氏族归顺,最终使得大和朝廷完全统一。巡行从大和而出,遍及周边及畿内,从范围便可轻易推测到这个目的。

与倭姬命巡行相关的记述内容,多数应该是《倭姬命世记》成书的镰仓时期的润色和虚构,不过考虑到伊势神宫的成立过程,或是成立之后,这种社会和经济条件的维持依旧不可或缺、不可回避的事实,恐怕不能将其全部斥为荒唐无稽之言。应该说,《倭姬命世记》似乎反映了它与其成书时代的伊势神宫所在地之间的关系,让人十分好奇。

从表4中可知,这次巡行基本在每个地方停留四年,短者两年,长者八年,然后转向下一个目的地。如此巡行,到最后固定在伊势国五十铃川畔为止,丰锹入姬命花费了二十一年,接替其任务的倭姬命花费了三十四年,合计五十五年,足足有半个多世纪之久。虽说那个时代的时间观念悠长,与今日大有不同,然而这样是否也太花时间了?

这次巡行之所以为巡行,关键在于依次巡访目的地。若将其称为圆环连锁型,那么让花时间巡行成为可能的,

出云与大和

便是所谓的"神话加工";而且以大和为起点,呈放射状与各个目的地相连的模式肯定也存在。如此一来,就可以同时前往不同的地方,整体所需时间也能大幅缩短。实际可能是两种模式并用,这样就提高了"巡行"事业的现实性。

伊势神宫的祭祀与出云大社的祭祀

倭姬命巡行各地,并将天照大神奉祭在五十铃宫(现在的内宫)。这被认为是垂仁天皇二十六年丁巳冬十月的事情。天皇得报之后,任命大鹿岛命为祭官,建斋宫于宇治五十铃川之上,供倭姬命居住。《倭姬命世记》将此定为伊势神宫的祭祀和斋王制的开端。

另外,《日本书纪》记载伊势的祭祀始于垂仁天皇之代,而《古事记》又在垂仁天皇代记述了"不能言"的本牟智和气御子与出云大社创始之事。记纪各自讲述了大社与神宫的创始,仿佛在提示社殿祭祀的形式在这一时期终于成形。

比较伊势和出云可以发现,出云(大国主神)的祭祀从磐座信仰时代便已扎根,在大社创建以前也有很长的历史。与之相对,伊势(天照大神)的祭祀则以大和王权确立、皇祖神将天照大神(镜)奉祭于社殿为开端,自然是伊势的祭祀时间更晚。

第三章　大和王权的确立

神殿结构的不同

这点也体现在神殿建筑的结构中。出云大社为九柱，平面几乎呈正方形。其中心的柱子便是所谓心御柱，起到了支撑天井和屋顶的重要作用。众所周知，这一结构还被应用在高床式仓库中。这种结构的优点在于，不仅能用于贮藏谷物，还能用于居住。将这种结构的建筑物全部当作仓库是一种错误的理解。因此，在祭祀建筑中应用这种结构也是理所当然的。这便是出云大社的社殿，也就是所谓"大社造"。

与之相对，伊势神宫的神殿建筑被称为"神明造"，虽然同属高床式，但其特征在于建筑中央没有心御柱，两侧外部则有栋持柱（参照本章扉页照片）。由于没有心御柱，天井和屋顶的支撑力不足，所以需要栋持柱进行补充。其优点在于：因为去掉了心御柱，房屋内部空间变得更为宽敞。从建筑物结构来说，能够有效利用空间的伊势神宫较为新式。

另外，一方是当地居民祭祀的地方神，另一方则是国家之社稷、天下之宗庙。在这一点上，可以说伊势神宫与出云大社展示了祭祀与信仰的两种类型。直到中世室町时代以后，伊势神宫才通过御师的活动与地方和百姓产生了关联。

3. 出云系诸氏族的动向

两个分支

邪马台国灭亡后，从属的出云系各氏族在大和王权初期如何生存下去呢？因为饶速日命的归顺（让国），他们的生命和财产并没有受到直接威胁，但是其中既有丧失斗志而离开故土的氏族，也有巧妙融入新政权的氏族。这里将对出云系各氏族（仅限主要氏族）的动向进行梳理。

关键的线索就是饶速日命之名。第一章已经提到，《先代旧事本纪》记载了他长长的本名（？）"天照国照<u>彦天火明</u>栉玉<u>饶速日</u>尊"。这是出于各种原因综合而成的神名，可以说，促使这一复合神名形成的就是出云系氏族的同族意识。在这个前提上进行分析，复合神名就会成为很重要的资料。

举例来说，主要是以后半部分"饶速日"为祖神名的物部氏，以及以前半部分"彦火明"为始祖的丹后国（京都府）一宫笼神社祝部海部氏和以尾张国为据点的尾张氏。这两支就是主要的分支，因为拥有祖神本名的一部分，可以认为他们之间拥有同族意识。

海部氏与物部氏乃同族

了解古代氏族的存在形态之后，近来最受关注的就是

第三章 大和王权的确立

上文提到的笼神社保存下来的国宝《海部氏系图》和《堪注系图》。尤其是后者，在编纂过程中广泛搜罗资料进行注记，于是有了这个名字，若进行适当的取舍，则与《新撰姓氏录》和《先代旧事本纪》（皆为平安期编纂）等相同，可作参考的部分较多。以下就以《堪注系图》为主要材料探讨一下氏族论。

根据笼神社的传承记录，该社主祭神彦火明命有许多"亦名"（别名）：

天火明命、天照御魂神、天照国照火明命

等等。这些神名都基于《堪注系图》卷首的记载，除此之外，卷首还举出了以下别名：

亦名，天照国照彦天火明栉玉饶速日命
亦名，胆杵础丹杵穗命

并称其"统八州也"。由此可以推断该社主祭神，即海部氏的始祖彦火明命与饶速日命是同一位神，也是统治八州（大八岛）的神。《堪注系图》在后面还记载了与《先代旧事本纪》卷三饶速日命同样的天磐船传说。关于这一传说，已在第一章有过论述。

· 167 ·

出云与大和

于是，拥有共同的始祖传说的海部氏（以火明命为始祖）与物部氏（以饶速日命为始祖）便可被视为同族（图42）。

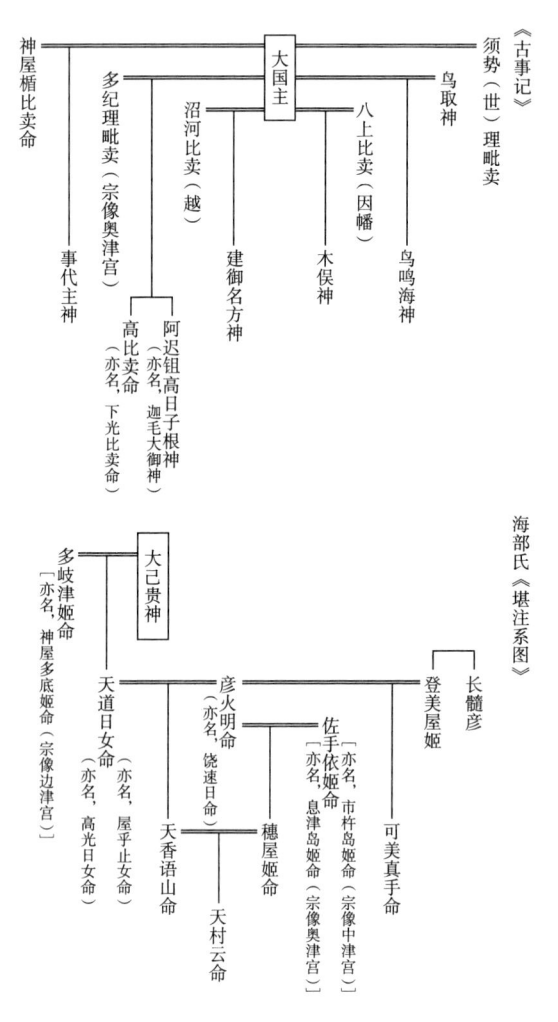

图42 以彦火明命（饶速日命）为中心的谱系

第三章　大和王权的确立

尾张氏与和珥氏

关于尾张氏，《新撰姓氏录》将其记为"火明命之后"，在《先代旧事本纪》中留有谱系的尾张氏也是与海部氏拥有共同始祖的同族。尾张氏原本的据点位于葛城地区，在神武进入大和（樱井）以前，那里一直被称为"高尾张邑"。现在这里是御所市西南部的葛城地区，众人皆知尾张氏之名来源于此处的地名。《日本书纪》中记载，神武进入大和后依旧坚持抵抗的便是高尾张邑的土蜘蛛势力，神武为了将其击退使用了大量葛木，故此地被命名为葛城。因为这些事由，虽然时期不确定，但在神武进入大和之后，尾张一族为了寻求新天地，便迁移到了尾张地区（爱知县）。

接下来是另一支强大豪族和珥氏。海部氏第十五世孙难波根子武振熊命之名与和珥氏的据点奈良县天理市的和尔下神社祭祀的难波根子武振熊命同名，可以推断和珥氏也与海部氏为同族。与尾张氏同样坚持抵抗神武势力的"和珥坂下居势祝"即居住在天理市和尔地区。可见，和珥氏也是饶速日命旗下的一支势力。

与出云族的关系

《堪注系图》（卷首）中还可以找到另一条线索，那

出云与大和

就是最为根本的火明命（记为彦火明命）与大国主神（记为大己贵神），也就是和出云族的关系。这是关于众神谱系的推测，过程略显烦琐，不过也是有关出云族的基本资料，请各位耐心阅读。

火明命，一说为天押穗见尊（天忍穗耳尊）之子（天孙降临的琼琼杵尊的兄弟），一说为琼琼杵尊之子，在传说中是天孙。对于这个天孙的认识，也有着和上文提到的关于饶速日命的同样问题，也就是他并非天孙。火明命在高天原迎娶的是大己贵神与多岐津姬命之女——天道日女命，两人生下天香语山命。其谱系如图43。

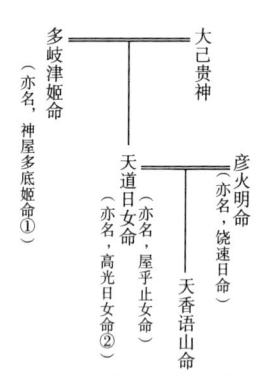

图43 火明命与出云族的关系

（多岐津姬命，亦名，神屋多底姬命①）
（大己贵神）
（天道日女命，亦名，屋乎止女命，亦名，高光日女命②）
（彦火明命，亦名，饶速日命）
（天香语山命）

浓厚的氏族意识

问题在于两位女神的"亦名"（注记①②），可参照图42。

第三章　大和王权的确立

首先关于①，天道日女命之母多岐津姬命乃宗像三姊妹之一，现镇座于福冈县宗像市的宗像神社中津宫（《古事记》等记为边津宫），别名神屋多底姬命。这位女神在《古事记》中被记为神屋楯比卖命，与大国主神结婚，生下事代主神。

接下来是②，《古事记》记载，大国主神与宗像奥津宫的女神多纪理毗卖结婚，生下阿迟钮高日子根神（迦毛大御神）与其妹高比卖命（下光比卖命）。后者通常被称呼为下光比卖命，而高比卖命亦被记为高照姬命（高光日女命）。

此外，《先代旧事本纪》卷四《地神本纪》记载：

（大己贵神）先娶坐宗像与津岛之田心姬命（多纪理毗卖），生一男一女：

儿　味钮高彦根神（坐倭国葛上郡高鸭社，云舍筱社）

妹　下照姬命（坐倭国葛上郡云梛社）

次娶坐宗像边津宫之高津姬（多岐都姬），生一男一女：

儿　都味齿八重事代主神（坐倭国高市郡高市社）

妹　高照姬大神命（坐倭国葛上郡御岁神社）

· 171 ·

出云与大和

高照姬现在仍被祭祀在御所市东持田的御岁神社，这一神社通常被称呼为中鸭社（高鸭神社为上鸭社，鸭都波神社为下鸭社）。

同神以不同文字表述尚且不算问题，一旦被表述为别名，那么寻找"异名的同神"并进行确认也要耗费一番功夫。且不论这些，《堪注系图》和《先代旧事本纪》显然互为参考，并在记纪内容基础上编成了这样的谱系。不管怎么说，通过神名的共通点，可以窥见火明命与大国主神（大己贵神）互为亲族的浓厚的氏族意识。

与大国主神的关联

顺带一提，《播磨国风土记》饰磨郡伊和里条有"大汝命之子，火明命"的记述，记载了脾气暴烈的火明命令其父大己贵神十分头疼的故事。播磨国（兵库县）位于相传为火明命从天而降的丹波国的旁边，《播磨国风土记》中也有许多大国主神的传说。此外，火明命自天而降的凡海是现在的若狭湾，将其命名为凡海是因为：

> 故老传曰，往昔，治天下当大穴持命与少彦名命到坐于此地之时，引集海中所在之小岛之时，潮凡枯以成壹嶋。故云凡海矣。

可见丹波国也有大穴持神（大己贵神）与少彦名神的建国传说。丹波（丹后）通常被认为没有出云势力进入，但从风土记的传说和海部氏的谱系图中，都可以确认其与出云大国主神的关联。

伊福部氏

作为与尾张氏存在关联的氏族，这里要举出伊福部氏。根据《新撰姓氏录》记载，伊福部氏也与尾张氏同族，为"火明命之后也"，其始祖与尾张氏和海部氏相同。伊福部本来读作"Ifukibe"，由于"ifuki"有强风之意，让人联想到"fuigo"①，或许这个氏族以前也与冶炼铜铁有关。也就是说，伊福部氏同样具有出云系氏族共通的要素。

值得注意的是《因幡国伊福部臣古志》中记载的伊福部氏谱系（图44）。该谱系将始祖定为大己贵命，其后的第二代五十研丹穗命——与上文（第167页）提到的胆杵础丹杵穗命是同一个神——为海部氏之祖，第八代栟玉饶速日命及其子第九代可美真手命乃物部氏之祖。从这个谱系可以清楚看出，伊福部氏与海部氏、物部氏为同族，是以大己贵命（大国主神）为祖的出云系氏族。

---

① 即"风箱"。——译者注

出云与大和

```
(始祖)大己贵神 ─ 五十研丹穗命 ─ 建耳丹穗命 ─ 伊势丹穗命 ─ 天沼名桙命 ─ 天御桙命 ─ 荒木臣命
栉玉饶速日命 ─ 可美真手命 ─ 彦汤支命 ─ 出云色雄命 ─ 内色雄命 ─ 伊香色雄命 ─（下略）
```

图 44 《因幡国伊福部臣古志》中谱系

出云神与宗像神

这里还要再提一提出云神与宗像神的关系。根据

第三章　大和王权的确立

《堪注系图》记载，与火明命结婚的佐手依姬命亦名市杵岛姬命，亦名息津岛姬命。市杵岛姬命镇座宗像中津宫，息津岛姬命则镇座宗像奥津宫，并且与大国主神结婚，生下味钮高彦根神①（迦毛大御神）。出云大社境内的筑紫社祭祀的便是佐手依姬命。

由此可知，出云与筑紫（福冈县）的关系自古以来就非常亲密，《新撰姓氏录》也将宗像氏记为大国主神之后。还有一则传说记载，大和朝廷索要出云振根负责管理的出云大神的神宝，振根之弟便趁兄长出门时私自将神宝献上，因此引发了国造家内部的争端。彼时振根出门前往的地方便是筑紫（《日本书纪·垂仁纪》）。既然是筑紫，他拜访的或许就是宗像氏。将宗像氏三姊妹与火明命的婚姻记述在《堪注系图》中，可见火明命与筑紫有着很深的关系。

如此梳理下来，会发现其中不仅有普通的婚姻关系，也存在结婚对象（女神）相同的场合。这种事态在拥有亦名（别名）的神明世界有可能存在，从包含这些情况的婚姻关系中，也能明确以火明命为祖的各个氏族属于出云系的事实。

---

① 即图 42 中的阿迟钮高日子根神。——译者注

出云与大和

鸭氏——与制铁有关的集团

最后想探讨一下鸭氏集团。

第一章已经提到,根据海部氏代代传承的秘传记载,笼神社祭祀的火明命与山城的贺茂别雷神(上贺茂神社)为异名同神,与其御祖大神(下鸭神社)一并得到祭祀。也就是说,上贺茂神社与笼神社祭祀着同一位神。

提示这一点的线索是笼神社留存至今的藤祭。该祭典自古便在每年四月第二个午日举行,又称"葵祭"或"葵神事",也有人称之为"御荫祭"或"御生神事"。可以说,这跟山城的上贺茂神社、下鸭神社每年四月第二个午日举行的御荫祭,以及紧随其后的葵祭属于同一种神事(现在为每年五月十五日举行)。此外,上贺茂神社每年五月十二日,会在葵祭之前举行"御阿礼神事"。所谓"御阿礼"(miare),是指让神灵变回崭新清净的状态的仪式,葵祭则来源于这个御阿礼神事。上贺茂神社以葵为装饰,笼神社则以藤为装饰。两者不同之处仅在于此,从传承了相同神事的事实来看,贺茂别雷神与火明命都可以说是同一性质的神。

而且正如上文所述,从火明命与宗像三女神的关系来看,可以认为他与味钽高彦根神为同一个神。

味钽高彦根神是在记纪和《出云国风土记》《出云国造神贺词》中皆有登场的大国主神之子,《古事记》也称

第三章　大和王权的确立

"今谓迦毛大御神者也"，作为镇座于葛城鸭的神（现高鸭神社）（图45）而广为人知。

图45　高鸭神社

此外，《古事记》和《出云国风土记》中都透露了此神的雷神属性，称其为高飞于天、翱翔天空之神，同时他也是与水有关的神。此外，雷表火，神名中又包含"钽"（"锄"的正字），因此多被作为制铁之神祭祀。上贺茂神社的贺茂别雷神同样是雷神，因此可以推断上贺茂神社原本与高鸭神社祭祀着同一位神。高鸭神社是全国鸭社的总本社，其神域位于矿脉之上，同在御所市的葛木御岁神社（见上文，祭祀高照姬命），其举行登拜神事的后山也直至近年还在出产铁矿。之后的章节还会提到各地的鸭神社被与制铁有关的集团奉祭的事例。

出云与大和

住在葛城的出云系

顺带一提，御所市的近铁御所站附近还有祭祀大国主神子孙——大田田根子（大神神社祭祀者大三轮氏之祖）之子大贺茂都美命的鸭都波神社（祭祀事代主命、下照比卖命，配神为建御名方命、大物主栉甕玉命）（图46），人们称高鸭神社为上鸭社，御岁神社为中鸭社，鸭都波神社为下鸭社。在鸭都波神社周边包括社地在内的范围内，发掘出了弥生中期的遗迹，证实当时这里有过大规模的农耕群落。另外，高鸭神社北方也发现了巨大的祭祀遗迹。除此之外，近几年备受瞩目的秋津遗迹（图47）和中西遗迹（两遗迹相连）也是位于葛城山山麓、始于绳文时期的大规模集落遗迹，特别是秋津遗迹还发掘出了大型建筑物的掘立柱痕迹，可见葛城地区自古以来便存在人们居住的大型集落。

图46　鸭都波神社

第三章　大和王权的确立

图 47　葛城山山麓的秋津遗迹

如此梳理下来，自古居住在葛城地区，奉祭味钼高彦根神的无疑就是出云系人群。修验道之祖役小角的父亲便是在高鸭神社侍奉神明之人，其母为物部之女，相传他本人在葛城山修行，并进行过祈祷和制药等活动。可以说，这是一个继承鸭氏与物部氏血统，传承了为寻求铁矿而来到此处的出云基因的代表性人物。自古以来居住在葛城地区的人，必定是来自出云，经由丹波、河内及山城，最终迁移到大和的人群，也就是被称为鸭族的集团。

坚持抵抗神武势力直到最后的高尾张邑的人，当然也属于这一集团。他们不愿意屈服于大和朝廷，为寻求新天地而迁移到尾张的集团便是尾张氏，而经由木津川迁移到山城的集团，便是奉祭上、下贺茂神社的鸭氏一族。

山城鸭氏——独有的氏族意识与祭祀传承

关于"山城鸭氏",至少有两点让人很感兴趣。

第一,上贺茂神社、下鸭神社皆由鸭氏奉祭,然而上贺茂神社源自背后神山的磐座祭祀,下鸭神社却被奉祭在两川(高野川与贺茂川)的合流处,也就是以川合社为源流,两社各自采用了不同的祭祀形态,即山信仰与川(水)信仰。这似乎提示了从大和迁移而来的鸭氏一族出现了两种定居方式,让人颇为好奇。想必这些在后来都因为共通的祭祀传承被结合到了一起。

第二,上文已经多次提及,奉祭两社的鸭族以大和葛城的鸭族为源流,但在迁移至山城后,似乎发展出了独有的氏族意识和祭祀传承。

根据记纪和《新撰姓氏录》记载,为神武东征立下功劳的八咫乌被奉为建角身命,祭祀在下鸭神社。其女玉依姬之子贺茂别雷神则被祭祀在上贺茂神社,这些都发生在鸭族迁移到山背(城)之后,因此可以推测,在进入山城时代后,出现了其他的氏族传说。那就是以八咫乌,即建角身命为祖的"鸭县主"一支,产生了与味钽高彦根命一系的"大和鸭族"不同的氏族意识。而且应该是在宫都迁往山城的平安迁都之际,贺茂神社作为守护王城之社,受到朝廷贵绅崇敬之后,这种意识上的不同才以明

第三章　大和王权的确立

确的形式体现出来。与此同时，世间对神格的评判也发生了变化。这点将在第四章进行详述。

可是贺茂的建角身命也有"坐宿大倭葛木山云云"的传说，可见它依然是葛城鸭族的同族，仍可将贺茂别雷神与火明命理解为异名同神。梳理至此，便可以明确以火明命为祖的氏族皆属出云系，而贺茂氏（山城鸭氏）也是出云族。

再现出云世界

证明山城鸭氏乃出云系的最有力证据，就在下鸭神社。我此前数次造访都没有注意到，拜殿前的空间设有七个被称为"言社"的小祠（图48），其位置如图49所示。

图48　下鸭神社的言社

出云与大和

图49　言社位置示意图

第一章已经提到大国主神拥有众多亦名（别名），这意味着大国主神从事了多种活动，因此获得如此众多的别名。这些小祠分别祭祀了包含大国主神在内的七神，在这里被以"干支神"的形式排列。以如此明确的形式集中表现七神的事例尚不存在于他处。这相当于主动表明了贺茂神乃出云系之神，而这里无疑再现了出云的世界。

神话与传说的解读方法

以上，凭借《先代旧事本纪》和海部氏的《堪注系图》等线索，我们知道了物部氏、海部氏、尾张氏、和珥氏、鸭氏等皆属于出云系的同族。

《堪注系图》成立于平安初期（约9世纪60～90年代），物部氏在此前后也编纂了《先代旧事本纪》。正如平安迁都使山城鸭氏的立场发生变化，随着律令国家的确立，各个氏族为了展示自己与朝廷的关系之密切，竞相开始尝试选择始祖，出云族尤其如此。可是即便如此，各个氏族也共享着根干部分,即同族意识。我们有必要超越虚实的界定,从更高的层次去理解他们持有并传承下来的同族意识。若非如此,神话传说的研究就没有意义,并且在此之前,神话传说就不会诞生。

4. 出云系葛城氏的动向

地名直接成为氏族名

上文考察了支撑出云联盟邪马台国的地区和氏族的后续发展,最后必须对直接以地名为氏族名的葛城氏进行一番论述。

仁德天皇的皇后磐之媛是葛城袭津彦之女,根据记纪记载,皇后自作的和歌中表明了自己家在葛城高宫。所谓葛城高宫,自然是父亲袭津彦的住所。平成十七年(2005)御所市发掘出被认定为 5 世纪的大型遗构,这个"极乐寺响遗迹"就是葛城高宫的可能性逐渐显现出来。袭津彦被认为是《日本书纪》神功皇后六十二年条引用的《百济记》中提到的"沙至比跪",极有可能是曾被派往朝鲜半岛的真实人物。被认为是袭津彦之墓的御所市的宫山古坟(室区)还出土了朝鲜半岛南部的唐船形土器等文物。

此外，平成二十二年（2010），宫山古坟附近的秋津遗迹还确认了4世纪前半期的大规模方形区域中存在可能是大型建筑物的柱穴。翌年的调查又发现了新区域，出土了来自东海、北陆、山阴和濑户内东部的土器、铁渣、铜镞等物品。另外，与秋津遗迹相连的中西遗迹也发现了许多水田痕迹。

在大和政权内崭露头角

这些遗迹并非始于4世纪前叶，而是早在弥生时代已经有人居住。如上文所述，御所市有鸭都波神社和鸭都波遗迹（其中的鸭都波1号墓出土了三角缘神兽镜），以及葛木御岁神社遗迹高鸭神社等与鸭氏相关的神社和遗迹。另外，上文还提到葛城的地名原为高尾张邑。此外，根据《海部氏系图》记载，火明命的第四世孙、第五世孙、第七世孙都以葛城之女为母，双方保持着姻亲关系。从葛城高宫和室区古坟的位置来看，葛城氏也是鸭系的一族，自邪马台国以来便扎根在葛城之地，不断扩大力量，并在4世纪末到5世纪期间，于大和政权中崭露头角。

葛城氏的灭亡

《百济记》记载，袭津彦奉命讨伐新罗，反被新罗以策诱导，遂反伐加罗国。加罗国国王与人民逃至百济，王女对倭国王表明经过，倭国王又派遣他人回复了加罗国。袭津彦秘密归国，得知天皇大怒，便入石穴而死。后来，袭津彦之孙玉田宿弥因玩忽职守、耽溺酒宴而被处死；眉轮王刺杀安康天皇，葛城圆大臣藏匿并请求雄略天皇赦免眉轮王，最后大臣与眉轮王都被烧死在大臣宅中，可谓下场凄惨。到此为止，葛城氏便告灭亡。

仿佛为了证明这段历史，被认为是葛城高宫遗址的"极乐寺响遗迹"的遗构中发现了焚烧的痕迹。

葛城氏与苏我氏

葛城袭津彦在谱系上被定位为武内宿弥之子。武内宿祢是否真实存在目前还未有定论，但还有一支豪族也以他为祖，那就是苏我氏。苏我氏从源流开始便充满了谜团，在《日本书纪》的这些记载中，可以窥见它与葛城氏的关系。

①推古天皇三十二年十月条

大臣（苏我马子）奏于天皇曰："葛城县者，元臣之本居也。是以，冀之常得其县以欲为臣之封

出云与大和

县。"天皇不听。①

②皇极天皇元年是岁条

是岁，苏我大臣虾夷，立己祖庙于葛城高宫，而为八佾之舞。遂作歌曰：

大和之忍海，欲渡还备身，
结我足之纽，束我腰之带。②

虾夷在葛城高宫修建祖庙，还举行了八行八列共六十四人的八佾之舞。所谓葛城高宫，即在葛城氏的据点营造的宅邸，虾夷在此地修建苏我氏的祖庙，无疑可以视为他与葛城氏有着同族意识。《日本书纪·皇极纪》还记载，虾夷后来役使众多工人，在今来修建了"双墓"。这个今来（木）双墓也在御所市内，被认为是苏我虾夷、苏我入鹿父子之墓。从①②两项记载中，可以推断苏我氏与葛城氏为同族。

---

① 原文如下："冬十月癸卯朔，大臣遣阿昙连阙名、阿倍臣摩侣二臣，令奏于天皇曰：'葛城县者，元臣之本居也，故因其县为姓名。是以，冀之常得其县以欲为臣之封县。'于是，天皇诏曰：'今朕则自苏何出之，大臣亦为朕舅也。故大臣之言，夜言矣夜不明，日言矣则日不晚，何辞不用。然今朕之世，顿失是县，后君曰，愚痴妇人临天下以顿亡其县。岂独朕不贤耶，大臣亦不忠。是，后叶之恶名'则不听。"——译者注
② 原文如下："是岁，苏我大臣虾夷，立己祖庙于葛城高宫，而为八佾之舞。遂作歌曰，野麻腾能，饫斯能毗稜栖鸣，倭柁罗务腾，阿庸比陀豆矩梨，举始豆矩罗符母。"——译者注

第三章　大和王权的确立

另外，西边的葛城川与东边的曾（苏）我川并行流经这些区域，也具有一定象征意义。

苏我氏本宗在乙巳之变（645年）中灭亡，其支流也只延续到平安时代。据推测葛城氏早在雄略天皇的时代就灭亡了。两者皆是权倾一时的氏族，因此他们的没落也令人印象深刻。假设葛城与苏我是同族，这让人不禁联想，两者相似的命运是否和出云系氏族的负面遗产有关呢。

拥有特殊生存方法的物部氏

同属出云系，也一度参与中央政治的氏族，都像葛城氏和苏我氏那般，在短暂的荣华之后，迎来了悲惨的没落命运。与之相对，出云氏、海部氏、尾张氏等氏族则选择了侍奉神明的道路，因此存续下来，血统得以传承。其中生存方法较为特殊的便是物部氏。物部氏与苏我氏展开崇佛论争——也就是同族相争，败北后本宗灭亡。但是壬申之乱（672年）后，追随天武天皇从而得到晋升的物部麻吕一支改名为石上朝臣，成了中央官僚辈出的家系。当然，该族还负责守护石上神宫（奈良县天理市）的神宝，将让国以来的十种神宝传至今世。

5. 大和王权与吉备

确保濑户内海海域

大和王权的势力从大和一直延伸到畿内周边地区，然而要控制日本列岛内的广阔区域，还需要漫长的年月。

卑弥呼死后一个多世纪，日本与百济、新罗这些朝鲜半岛国家展开了各种交流和交战。从石上神宫所藏的七支刀铭文和高句丽好太王碑（广开土王碑）的碑文中可以确认这些事实。七支刀制作于369年，其后由百济世子（记纪将其记为照古王或肖古王）赠送给倭王。另外，好太王碑文还记载了391年倭军进攻百济、新罗，404年与高句丽作战并败北的事迹。

这些记纪内容分布在神功皇后到应神天皇的时代，不少记述真伪不明，但可以认为，4世纪后半期倭国开始侵入朝鲜半岛一事确为事实。可是当时的倭国应该还没有建立起以大和朝廷为中心的国家体制。直到5世纪后半期，被认为是倭五王之一的雄略天皇才把大和王权势力从九州推进到东国。那么再回溯到3世纪末到4世纪初，控制了畿内周边诸国的大和王权接下来需要征服的地方，便是濑户内海沿岸，尤其是吉备（冈山县）地区，以及九州地区。

第三章 大和王权的确立

关于九州，景行天皇之后的记载多次提及熊袭叛乱，而且应神及仁德的皇妃中有日向的女性，从中可以窥见神武东征以后，九州豪族势力逐渐强大的情况。要前往九州，继而前往朝鲜半岛，当务之急就是确保濑户内海海域的畅通。大和朝廷为此推进的对策，就是整顿难波津。

整顿难波津

仁德天皇下令开挖堀江（分割上町台地，注入大阪湾的大河），并修建堤坝防备淀川洪水，而他最重要的事迹在于，仁德亲自离开大和盆地，在难波的高津宫即位。这一行动最大限度地表达了重视濑户内海的意思。有人将其称为河内王朝，并认为存在王权更替的倾向，但事实并非如此。如上文所述，邪马台国灭亡后的一个多世纪，早期的大和王权控制了大和周边地区，因此在其控制领域内的宫都迁移应该视为一种政治判断。这既不是皇统更替，也不是王朝更替。这一时期的天皇先后将宫都设在大阪平原，正是对濑户内海及其前方区域寄予了极大关注的政治表现，除此之外别无他意。

顺带一提，记纪中还记载了葛城袭津彦之女——皇后磐之媛之从淀川上溯木津川，越过那罗山进入倭国，远望葛城高宫的路线，从中也可以窥探难波津的作用，这点让人兴趣颇深。

出云与大和

简单来讲，难波津就是通往他国的出口，也是进入倭国的入口。

邪马台国联盟的一国

有一个可能会阻碍濑户内海航行的强大势力，那就是吉备国。

吉备国通过中国山地与出云国和伯耆国接壤，自古以来便与出云国交流甚密。这点可以从出云古坟出土了吉备式土器推测出来。吉备式土器在田原本町的唐古-键遗迹也有出土，可见其与邪马台国也存在交流。4世纪到5世纪大量修建的前方后圆坟中常见的圆筒埴轮①和朝颜型埴轮都以吉备地区弥生后期的特殊器台为原型。埴轮的创意源自出云的野见宿弥（《日本书纪·垂仁纪》），其中出现的是形象埴轮，后世的特征也投影其中。假设出云是埴轮的源流，那么应该是指初期的圆筒埴轮，而这一形态原本可能来自吉备的特殊器台。不管怎么说，这种特殊器台与埴轮的起源及其发展联系在一起，让人深感好奇。从吉备与出云的这类交流中推测，它应该是邪马台国联盟的强大一员。

吉备归顺工作

为了让吉备归顺，大和王权派出了吉备津彦，这在

---

① 作为陪葬物的泥俑。——译者注

第三章　大和王权的确立

《古事记》中被记于孝灵天皇时期,在《日本书纪》中被记于崇神天皇时期。这一人物也是《日本书纪》中所谓的四道将军之一。在景行天皇时期,跟随倭建命东征的则是吉备武彦。这些记述都道出了吉备自古与大和王权关系亲密。可是我对这样的理解感到异样,认为事实可能完全相反。

大和王权正式开始征服吉备国,(据推测)是在后来的应神至仁德天皇时期。作为探讨材料,此处列出《古事记》和《日本书纪》对两天皇的记述进行对比(表5)。

表5　与吉备相关的记述

	《古事记》	《日本书纪》
应神天皇	(不存在提示应神与吉备关系的记述。)	吉备兄媛的故事(A′) 兄媛突然提出要回到吉备国,天皇在难波大隅宫的高殿目送其乘船回去,后来十分想念,便行幸吉备国,住在叶田的苇守宫。兄媛之兄御友别命携弟与子热情款待,天皇大喜,将吉备国分封给五人。
仁德天皇	吉备黑媛的故事(A) 黑媛恐惧皇后磐之媛的嫉妒,乘船回到吉备。仁德谎称要去淡路岛,实则来到吉备与黑媛生活了一段时间。(现在备中国分寺旁的"蝙蝠塚古坟"被认为是黑媛之墓。)	消灭吉备国大虬的故事(B) 吉备中国的川岛川有大虬,毒杀行人甚多。笠臣(上述五人之一)之祖仗剑斩杀大虬,又将川底众多虬族赶尽杀绝。后因大虬作祟,族中出现一两名反叛者。

出云与大和

仁德天皇时期的记述较多,而两位天皇都有追求吉备之媛亲自行幸的故事。故事本身单纯地只是去见吉备之媛的平和之事,但实际上可能发生了天皇必须亲临吉备的重大事态。从分封兄媛之兄御友别命及其兄弟子嗣五人的故事(A′)可以解读出真意来。分封情况如下:

长子稻速别→下道臣,备中国浅口郡(仓敷市玉岛地区)

次子仲彦→上道臣,备前国上道郡(冈山市东部)

香屋臣,备中国贺夜郡(总社市东部)

三子弟彦→三野臣,备前国御野郡(冈山市北部旭川以西)

弟鸭别→笠臣(波区芸县)(或为笠冈市附近)

兄浦凝别→苑臣,备中国下道郡(仓敷市真备町附近)

这些地区以后来设置了国府的总社市为中心,东至冈山市,西及仓敷市、笠冈市,涵盖高梁川下游的濑户内海沿岸一带。兄媛之兄御友别命在《新撰姓氏录》中被记为稚武彦命之孙,而与吉备臣有所关联的祖先则被称呼为吉备津彦、稚武吉备津彦等名称。由此可见,可能是以四道将军之一的吉备津彦为代表的拥有大和皇族血统的人物征服了吉备，因此被奉为吉备臣之祖。

防备叛乱

因此，上述分封五人的行为应该被理解为天皇将整个地区细分之后分配给五个人，由此完全掌控濑户内海沿岸，以防备叛乱。若问为何要解读到这种深度，是因为吉备当地的残余势力十分强大，并留下了反复发起叛乱的证据。那就是仁德天皇时期消灭大虬的故事（B）。在这里，大虬虽然被赶尽杀绝，依旧"因此出现了一两名叛乱者"。这个记述本身就具有别处见不到的模式，甚至让人从中感觉到吉备的诡异。大和势力有必要对其展开强硬压制，即派遣有王族血统的武人。这些人在当地定居之后，修建了与大和王族同样巨大的前方后圆坟——也就是规模排在日本第四的造山古坟和排名第九的作山古坟——并不断对当地人施以威压。中央的仁德天皇也是在这一时期修建了巨大的前方后圆坟。

历史学界公认，吉备之所以存在巨大的前方后圆坟，是因为当地势力建立了强大的吉备王国，在很早的时期便与大和联手，而巨大古坟为当地豪族所建。同样的方法也被应用在丹波（后）国。因为丹波也存在大型前方后圆坟，而且地处日本海沿岸，却没有出云系的四隅突出墓，

出云与大和

所以丹波也曾经存在强有力的王国,并早早与大和王权联手。

吉备和丹波拥有强大势力确实不假,而且正因为如此,大和王权才凭借强大力量一直对两国施加压力。第一章提到过,不仅已经确认四隅突出墓在丹波存在,而且丹波的祭祀与信仰也受到了出云的影响,反倒显示出浓郁的出云文化圈特色。因此有必要彻底地重新审视丹波(后)王国的论断。同样,吉备王国论也要进行这样的工作。在丹波和吉备修建巨大前方后圆坟的乃大和王权,绝不可能是当地豪族。这里的前方后圆坟,就是为了震慑当地不归顺豪族的一柄铁锤。

尽管如此,还是"出现了一两名叛乱者"。

桃太郎传说再考

提到冈山,除了吉备之外,以玉米团子而闻名的桃太郎传说也值得一提。这个故事里,桃太郎率领犬、猿、雉前往鬼岛除鬼。事实上,桃太郎故事在其故乡冈山是以"吉备津彦与温罗"的传说为基础的。其根据就在于吉备津神社(冈山市北区吉备津)(图50)流传的"温罗传说"缘起。

这一缘起故事被收录在上田秋成的《雨月物语》中,以"吉备津之釜"闻名,展示了吉备津神社里自古流传

第三章　大和王权的确立

图50　吉备津神社

的鸣釜神事的由来。

传说提到，崇神天皇时期，一位名叫温罗的王子自百济飞来，于新山（鬼城）（图51）建城，居于附近岩洞（被称为鬼岩屋的巨大花岗岩洞窟）里，袭击往来之人。于是大和朝廷派遣吉备津彦命前往讨伐，吉备津彦命拧下鬼首在阳光下暴晒，鬼首哭叫不止；他又让狗食之，剩下的骷髅依旧哭叫不止；遂将其埋在吉备津宫的釜下。后来，温罗出现在吉备津彦命的梦中，让其妻阿曾为祝，炊制神馔，他可以鸣釜预测吉凶。这就是鸣釜神事的起源。放釜的地方称为艮御崎，温罗之灵被祭祀其中。

相传为温罗所建的鬼城，其实是白村江之战后主要在西日本各地修建的所谓朝鲜式山城之一，温罗的原型可能就是指导筑城的逃亡百济人。不用说，吉备津彦命就是崇

出云与大和

图 51　鬼城

神天皇派遣的四道将军之一。在温罗传说中，吉备津彦命为了备战，在片冈山上树立了石楯，那就是著名的弥生坟墓楯筑遗迹（仓敷市矢部）（图 52）。过去的人可能觉得高山上的城池有鬼居住，又将楯筑遗迹残留的巨石圈理解成了防范箭矢的盾牌，再综合记纪中的吉备津彦命传承，就诞生了温罗传说。这一传说在后世作为桃太郎除鬼的原型广为流传。不过，能有如此多"小道具"的故事，让人感觉只能在吉备酝酿出来。

图 52　楯筑遗迹

第三章 大和王权的确立

温罗传说的背景是当地依托中国地区山地铁矿开展的铁器生产，可能制铁工人在当时被逐渐传为了鬼。此处也不可遗忘试图通过吉备津彦命掌控吉备铁资源的大和王权。不惧误解地说，除鬼的桃太郎实际有可能是打击弱者的强权人物。

先后控制了尾张、丹波和吉备之后，大和王权得以向下一个阶段进发。

第四章　出云国造
——荣光与挫折

熊野大社（岛根县松江市）

出云与大和

1. 国造的世界

严肃的历史事实

出云神话占据了《古事记》三分之一的篇幅，而且大部分都是以大国主神为主人公的故事。而《日本书纪》就没有收入出云神话，只在"一书第六"处提到了大国主神的"建国"与"让国"（这也是出云神话的核心）。如果要讴歌天孙统治苇原中国的事迹，并没有必要描述在此之前大国主神对苇原中国的开拓和统治，反倒应该避开这些故事。尽管如此，大国主神的存在依旧被提起，这是因为他深深留在人们的记忆中，既不可被忽视，也无法被抹杀。之所以将他写在"一书"而非正文中，或许是出于编纂者的"良心"。在这个意义上，出云神话对大和朝廷来说，可谓是严肃的历史事实。

对定论的疑问

受命侍奉出云神话的主人公大国主神而从天而降的便是天穗日命。出云国造奉其为始祖，其后代直至今日仍担任杵筑（出云）大社的神官。这就是不论述出云国造便难以谈论出云历史的理由。可是很遗憾，我并不认为出云

第四章　出云国造——荣光与挫折

国造得到了正确的论述。

关于出云国造，以下理解较为主流，几乎成了一种定论：出云国造的据点位于出云国东部意宇郡，并在该郡内奉祭了熊野大神，后来迁移至西部，奉祭杵筑大社。这一说法被称为"意宇郡据点说"，而据点向西迁移的契机，普遍认为是平安初期的延历十七年（798），出云国造一直兼任的意宇郡大领（郡司长官）一职被解除。然而这种说法立刻就会带出疑问，因为就算兼任的官职被解除，也可以一直居住在原本的地方，没有必要向西迁移。

针对定论的疑问并没有到此为止。定论认为出云国造在东部奉祭熊野大社，到西部则奉祭杵筑大社，前者所祭的是栉御气野神，而后者所祭的当然是大国主神。因此，如果遵照定论，则出云国造在将据点向西迁移的同时，还更替了奉祭的神明。如上文所述，国造家以遵照天命奉祭大国主神为使命，是一个神祇氏族，因此奉祭大国主神才是其唯一且绝对的存在理由。由此可以推断，其居所就算不置一物，也要有祭祀大国主神的设施（社）。可是在所谓的据点意宇郡，就没有这样的设施。不仅没有，反倒奉祭了另外的神明。不得不说，这不可能是出云国造家的所作所为。在根据地西迁是否正确的问题之前，在不同居所奉祭不同神明的说法从立论上就毫无意义。关于熊野大社，应该需要另行独立考察。

出云与大和

重要的线索

考虑到根据地的问题，理解出云国造的情况时，有一点极为重要的线索，那就是庆云三年（706），当时的国造出云臣补任意宇郡大领一事。

国造原本是地方豪族，掌握着包含神祇在内的地域社会的支配权。大化以后，随着律令制地方行政组织的实体化，国造就被编入国郡制，成为郡司。常有人认为郡司继承了国造的权限，但两者有一点根本性的不同，那就是郡司被设置在中央派遣的国司之下，其权限受到很大制约，只能作为以郡为单位的地区行政官。从平安前期开始，国司与郡司的对立抗争就频频发生，这也反映了两者力量关系的推移。

在这条"国造→郡司"的道路上，依旧存在没有成为郡司，而一直维持着国造立场的势力。这就是所谓的律令国造，并且在这种情况下，国造还必须实现比郡司路线更大的形态变更。因为他们虽然继承了此前身为国造拥有的祭祀权，但是几乎失去了地域支配权。出云国造虽然作为一国国造得到特殊对待，可是其基本结构并没有发生改变。

考虑到以上的问题，庆云三年出云国造被任命为意宇郡大领，相当于重新获得了一度失去的权限（仅限一郡，而且难以称之为支配权），显然这次补任是国造方积极争

第四章　出云国造——荣光与挫折

取的结果。

而且被任命的意宇郡大领这一职位也具有很大意义。出云国的国府（国衙）设在意宇郡，位于松江市东部六所神社一带，背靠风景秀丽的神奈备山（图53）。那一时期的出云国府的整备情况如何，现在无从知晓。不过成为其属地郡领的国造家想必发挥了很大作用。尤其在完善和神祇相关制度的方面，国造家应该为国衙提供了不少帮助。其郡家①就在国厅不远处（图54）。

图53　出云国厅遗址和神奈备野（山）

风土记编纂乃毕生事业

若出云国造没有兼任郡领，恐怕就无法参与《出云国风土记》的编纂事业。众所周知，风土记在各国都由

---

① 即郡衙，是一郡的行政机构。国造家馆就在郡家附近。——译者注

出云与大和

图 54　国造家馆遗址和站在馆址眺望出云国厅遗址的风景

每个郡的郡司起草，并提交国司进行整理归纳，最后上交中央。因此在出云国造这边，只要他们一直只拥有国造地位，就无法直接参与风土记的制作（当然，国造一族遍及国内，也有被任用为郡司的族人，不可能毫无关系）。

然而，实际与风土记编纂关系最深的便是出云国造。和铜六年（713）朝廷发出编纂风土记之命，国造果安及其子广嶋两代人参与其中，天平五年（733）完成。《出云国风土记》末尾处可见国造广嶋作为总负责人的署名，

第四章 出云国造——荣光与挫折

由此可见本来应由国司主持的工作,在这里变成了国造的工作。《出云国风土记》最大的特征就在于此。而且,卷末所记"国造带意宇郡大领,外正六位上勋十二等出云臣广嶋",仿佛提示了出云国造带着强烈的意愿投入编纂风土记的工作。

只要翻开《出云国风土记》,就能明显感受到国造家的意愿。这也难怪,因为风土记描绘了国造家奉祭的"所造天下大穴持命",也就是以大国主神为中心的出云世界。最明显的一例就在意宇郡母理乡的说明中。大国主神从越八口返回,在长(永)江山的岩上做出如此宣言:"我造坐而命国者,御皇孙命平世所知依奉。但,八云立出云国者,我静坐国。青垣山回赐而,玉珍置赐而守。"(苇原中国可让给天孙,但出云国我将永世守护。)永江山(山顶海拔490米)位于出云国东部,与伯耆国(鸟取县)交界,站在山中磐座上,视野极其开阔。要向遥远东方的大和朝廷说出这番言语,此处可谓最佳场所。这一叙述散发着强烈的乡土意识,甚至可以被称为激昂的出云民族主义,与此同时,也直接投射了出云国造的想法。不得不说,这是自京城而来,在任数年后又将返回京城的"外来者"——国司无法达到的境界。我认为,出云国造因兼任郡司而参与编纂的意义就在这里。《出云国风土记》是果安、广嶋两代人所推进的国造家毕生事业。

出云与大和

吸纳记纪的成果

在编纂风土记的过程中,《古事记》(712 年)和《日本书纪》(720 年)先后完成。当时宫廷社会对神话和历史可能抱有极大的关注,这甚至成为人们共通的话题。而出云国作为与记纪神话关联极深的国度,国造家不可能不关心自己的祖先如何被描绘。这就是推测出云国造在早期便参阅过记纪内容,并将其吸纳到《出云国风土记》中的原因。我认为,风土记耗费二十年才告完成,其中一个原因便在于此。

普遍认为,《出云国风土记》并未提到记纪中出现的出云神话,但我并不这么认为。因为文中随处可见与记纪联动的话题。出云国造是以出云的立场接纳了记纪神话,并将其重构为与土地相融的内容,而这才应该是最理想的形式。若无法解读这点,就不能算是理解了《出云国风土记》。事实上,《出云国风土记》中描绘了他国风土记所不具有的,以神话为背景的丰满的出云世界。

2. 上奏神贺词

果安初为此事

我认为,集中体现出云国造的思想融入风土记的事件

第四章　出云国造——荣光与挫折

就是灵龟二年（716）果安创始的上奏神贺词。

根据后来总结的《延喜神祇式》所收内容，上奏神贺词的第一年，国造先上京由神祇官赐负幸物（金装横刀一柄、丝二十、绢十匹、调布二十、锹二十柄），然后归国。经过一年沐浴斋戒后，再次拜谒天皇，上奏《出云国造神贺词》。此时国造率领祝部及子弟上京，献上白玉、赤玉、青玉等物，然后事先卜得吉日作为上奏之日告知朝廷。仪式当日，神祇官长出席整个流程。根据《延喜临时祭式》，进献物品具体如下：

> 玉六十八枚（赤水精八，白水精十六，青石玉四十四）
>
> 金银装横刀一口（长二尺六寸五分）
>
> 镜一面（径七寸七分）
>
> 倭文二端（长各二丈四尺，广二尺二寸）
>
> 白眼鹄毛马一头，白鹄二翼，御贽五十舁（舁别盛十笼）

结束后回到出云，再沐浴斋戒一年，将神宝等准备好后再次上京，上奏神贺词。

第一次称为"前斋"，第二次称为"后斋"。

出云与大和

这是归顺礼仪吗？

从残留的记录判断，这一形式和内容并非一开始就规定完善，而且也不明确最后延续到了什么时候。尽管如此，这场仪式依旧宏大得让人难以置信。综合出云国造上奏神贺词的仪式和后文引用的神贺词内容来看，确实会让人认为这是出云国造对大和朝廷的大型归顺礼仪。还有人认为这是朝廷下令国造举行的仪式，理由在于出云国造一直隶属大和朝廷。那么，事实究竟如何？

一切始于大领补任

要理解出云国造上奏神贺词，首先必须知道实现如此大规模活动的过程。只要知道这点，自然就明白上奏神贺词并非朝廷下达的命令。我在上文提到，一切的开端在于出云国造被任命为意宇郡大领，并因此参与了《出云国风土记》的编纂。实际在同一年，忌部宿弥子首被任命为出云国守。忌部氏与中臣氏同为神祇氏族，参与了律令神祇制度的完善，但是被中臣氏的力量排挤，在整个奈良时代不断衰微。《古语拾遗》是忌部广成在平安初期的大同二年（807）为挽回氏族势力，将创国神话到文武天皇为止的家族事迹总结为文字并进献给平城天皇的家传。但这已经是后世之事，在 8 世纪初期，忌部氏依旧作为仅次

第四章 出云国造——荣光与挫折

于中臣氏的神祇氏族活跃于朝廷之上。子首便是当时忌部氏的中心人物,还跟中臣意美麻吕关系亲近。作为出云守赴任的人便是子首,他在任八年,由于职务关系,必然与兼任国造与郡领的果安有许多接触的机会。

神祇氏族联盟的一大活动

以下皆为推测。包含上奏神贺词在内的一系列行动,或许是果安与子首在交谈过程中逐渐构思并得以实现的。出云国造上奏神贺词,可能就是国造果安借中央神祇氏族忌部子首赴任出云守的时机,与他相商并实现的行动。

然而更重要的一点在于,就算得到了忌部氏的理解与协助,也无法直接实现此事。若要令上奏神贺词被定位为在宫廷举行的公事活动,还需要获得占据神祇政策中枢的中臣氏的理解与协助。尽管无从得知此事实现之前经历了什么样的沟通交流,想必对出云国造来说格外幸运的是,同样是神祇氏族的忌部氏起到了桥梁的作用。

上奏神贺词得以成为宫廷礼仪之一的背景,便是上文提到的《古事记》与《日本书纪》相继完成,宫廷社会兴起了一场虽然称不上历史热潮,但依旧可以称为对神话传说的高度好奇与关心的潮流。在这样的氛围之下,出云国造的神贺词想必起到了在宫廷社会面前重现神话世界的作用。上奏神贺词是通过出云国造家—忌部氏—

出云与大和

中臣氏这一神祇氏族联盟而实现的一大活动。而且不难想象，最终负责导演这场活动的中臣氏提升了自身的名声。

魂振[①]仪式

这里再重新确认一下出云国造在神贺词中融入的思想。值得关注的是，第一章探讨风土记时已经提到过的，为上奏神贺词而前往京城之前，出云国造先到云南三泽（木次町平田），用大国主神故事中出现的圣泉水进行沐浴斋戒。可以说，那就是从大国主神之处获取灵力的魂振仪式。如此一来，国造一行便带着决意，离开了出云。

神贺词的内容

对上奏神贺词进行了这么多论述，最关键的神贺词本身却尚未提及。其大意如下：

> 适逢吉日，出云国之国造（某）谨奏。愿统治大八岛国的天皇御世"手长"（永盛不衰），熊野大神与建国大名持命二柱率领出云国内一百八十六社众神镇座神圣社殿，送上神贺吉词。

[①] 使失去活力的魂再生。广义上有镇魂的含义。——译者注

第四章　出云国造——荣光与挫折

开篇表达完这个意思，然后是一段祝词：出云国造的远祖天穗日命从天而降，降伏众多荒神，随后大名持命完成了苇原水穗之国的让国，并将自己的和魂附在八咫镜中，"贡置"四神为"皇御孙命之近守神"，镇座杵筑大社，汝之祖天穗日命受命为天皇的手长大御世供斋侍奉，献上各种物品（前面提到的白玉、赤玉、青玉等物）。

借大国主神之口

必须牢记，上奏神贺词乃出云国造在朝廷举行庆事（即位、改元或迁都）时举行的仪式，通过称颂远祖天穗日命的功绩，明确国造家的历史和使命。其最大的关注点就在于借大国主神之口，"贡置"四神——大神之神、葛木高鸭之神、伽夜奈流美之神、宇奈提之神（图55）——为"皇御孙命之近守神"。

> 乃大穴持命御言，皇御孙命静坐之大倭国者，托己命和魂于八咫镜，以倭大物主栉严玉命及登御命，坐大和之神奈备，以己命之御子阿迟须伎高孙根命之御魂，坐葛木鸭之神奈备，以事代主命之御魂，坐宇奈提，以贺夜奈流美命之御魂，坐飞鸟之神奈备，贡置皇孙御命之近守神，静坐八百丹杵筑宫。

· 211 ·

出云与大和

图55　伽夜奈流美神社（上）与川俣神社（宇奈提）（下）

在四神依次连接成的菱形中设置当时的宫都藤原京，确实符合"皇御孙命之近守神"的描述，许多论者从"贡置"一词出发，认为上奏神贺词乃出云国造的归顺仪式。可是在这个时候，必须考虑到下面的事实。

贡置四神是由出云的人选择大和的神，将其作为守护神进行贡置。擅自选择他国之神献给天皇作为守护神这种事绝不可能发生，而且这对接受方（朝廷）来说，不就没有任何意义了吗？让这一行动得以成立的条件只有一个，那就是四神皆属于出云系之神，而且还是大和朝廷出现以前就存在于大和的神。上述四神都符合这一条件。虽说是"贡置",这一行动也要以出云具备的历史和传统为前提,可以说是出于自豪与自负的行为。国造在这段文字背后,不动声色地道出了自身深厚的历史底蕴。四神的"贡置"实为"推销"守护神。而神贺词的真正绝妙之处,就在于借大国主神之口说出这些话。当然,并不存在这样的大国主神神话。如果非要说的话,这就是国造果安创造的"现代"神话。他还单方面称颂了在记纪神话中背上懈怠让国之"污名"的始祖天穗日命的功绩,可以说,神贺词是通过国造果安的立场和逻辑进行重建的出云神话。如此一来,应该能理解国造希望通过上奏行为实现的意图了。

3. 熊野大社

熊野大神比大国主神地位更高?

在理解神贺词时还有一个问题,那就是熊野大社的定位。

> 出云国青垣山内,下津石根立宫柱之径大者,高天原高坐千木者,伊射那伎之日真名子、加夫吕伎熊野大神、栉御气野命,国作之大穴持命以二柱神始,坐百八十六社之皇神等……

出云与大和

按照通说，因为熊野大神在神贺词中排在大国主神之前，所以其地位比大国主神更高，而且这一说法还被当成国造家的根据地位于意宇郡，并在该郡内奉祭熊野大神之说的论据。可是我对国造根据地位于意宇郡，以及熊野大神奉祭之说心怀疑问，因此也认为对神贺词中熊野大神的定位需要另外探讨。

虽然无法举出直接证据，但我认为，熊野大社应是上奏神贺词之举实现前后兴建起来的神社。熊野大神在神贺词中被称为"栉御气野命"，可见他是"御气"（御馔）之神。提到餐食之神，应该会联想到伊势神宫。众所周知，伊势神宫被作为祭祀天照大神的社（内宫），又另设祭祀御馔之神丰受大神的社（外宫），然后才组成了神宫的结构。在奉祭神明之时，供奉种种神馔的意义可以说超乎想象。出云大社也并不例外。此时我就注意到了熊野大神，认为他可能被当作御馔之神，从而使出云大社的整体结构得到完成。假设出云大社是内宫，那么熊野大社便是外宫。得出这一构想的果安强烈意识到伊势神宫的存在，并且迫切希望能够建立与之匹敌的大社结构。为了实现目标，他便利用了上奏神贺词这一仪式，将熊野大神全面推上前台。他将熊野大神命名为：

伊射那伎之日真名子（最爱之子）

第四章　出云国造——荣光与挫折

加夫吕伎（尊贵之神）熊野大神

梼（神奇的）御气野命

从中可见其极力推崇之意。然而，这个名称只在此处登场，其后便皆为与大国主神相关的内容，可见熊野大神出现在神贺词中，是（且只是）为了给人留下一个印象。其排序一度高于大国主神，也都是果安为了实现这个目的而制定的策略。

顺带一提，根据熊野大社社传记载，该社本来是在熊野山中的磐座祭祀，后来修建社殿进行祭祀，这一转变就发生在这一时期。现在，山中磐座被称为元宫，每年五月都会举办元宫祭。

将熊野大神加入祭祀

出云大社祭祀的不只有大国主神，还加入了东部意宇郡的熊野大神，整备了大社的结构。因此在这之后，出云国造奉祭熊野大社也就没有任何违和感了。

表6是关于出云国造的略年表，可见对国造来说极为重要的事项全部发生在8世纪前半期这二三十年间。这一切都显示了国造家的积极行动。如果没有注意到这段活跃期，就算不上理解了出云国造，更遑论理解出云国的历史。在此之前，持有这一论点的人，包括研究者在内，可以说寥寥无几。

出云与大和

表6　出云国造相关年表

国造(抄)	西历	和历	事项	备注
	690	持统四年	中臣大岛在即位礼上奏天神寿词。	
	691	持统五年	神祇伯中臣大岛在大尝祭上奏天神寿词。	
	698	文武二年	准许筑前国宗形、出云国意宇两郡司连任三等亲以上;任命各国郡司,命其遵法。	
	701	大宝元年	推行《大宝律令》。	
兼连	702	大宝二年	令各国国造入京,公布大币;定各国国造之氏。	
	706	庆云三年	**出云国造兼任意宇郡大领。**	
	712	和铜五年	《古事记》成书。	
	713	和铜六年	风土记编纂之诏。	
果安	716	灵龟二年	**出云国造上奏神贺词。**	出云国造的活跃期
	720	养老四年	《日本书纪》成书。	
	723	养老七年	太安万侣卒。	
	724	神龟元年	出云国造上奏神贺词。	
	725	神龟二年	出云国造上奏神贺词(再度)。	
广嶋	733	天平五年	《出云国风土记》成书。	兼任意宇大领时期
	746	天平十八年	出云国造上奏神贺词。	
弟山	767	神护景云元年	出云国造上奏神贺词。	
益方	768	神护景云二年	出云国造上奏神贺词(再度)。	
国上				
国成	785	延历四年	出云国造上奏神贺词。	
	786	延历五年	出云国造上奏神贺词(再度)。	
人长	794	延历十三年	迁都平安京。	
	795	延历十四年	出云国造上奏神贺词。	
	798	延历十七年	**出云国造被解除意宇郡大领之任。** 出云国造托神事禁娶百姓女子。	

第四章　出云国造——荣光与挫折

续表

国造(抄)	西历	和历	事项	备注
千国				
旅人	811	弘仁二年	出云国造上奏神贺词。	
丰持	833	天长十年	出云国司率国造丰持等上奏神贺词。	

4. 出云国造的根据地

对意宇郡根据地说的疑问

由于转去讨论熊野大社，出云国造根据地的问题尚未得出结论。普遍认为出云国造的根据地在意宇郡，奉祭熊野大社，后迁移到杵筑，开始奉祭大国主神。我对据点在意宇郡和从意宇迁移到杵筑的说法都不予采纳，但也并不赞同普遍论点的反面——出云国造从一开始就定居在杵筑。我认为，出云国造最终迁移到了现在的杵筑，而他们此前的居所（根据地）应该在靠近出云国中央部位、从云南向西北流淌的斐伊川中下游、神名火山（佛经山，标高366米）山麓一带。这一事实通过记纪的出云神话和《出云国风土记》可以证明（参见图56）。

出云与大和

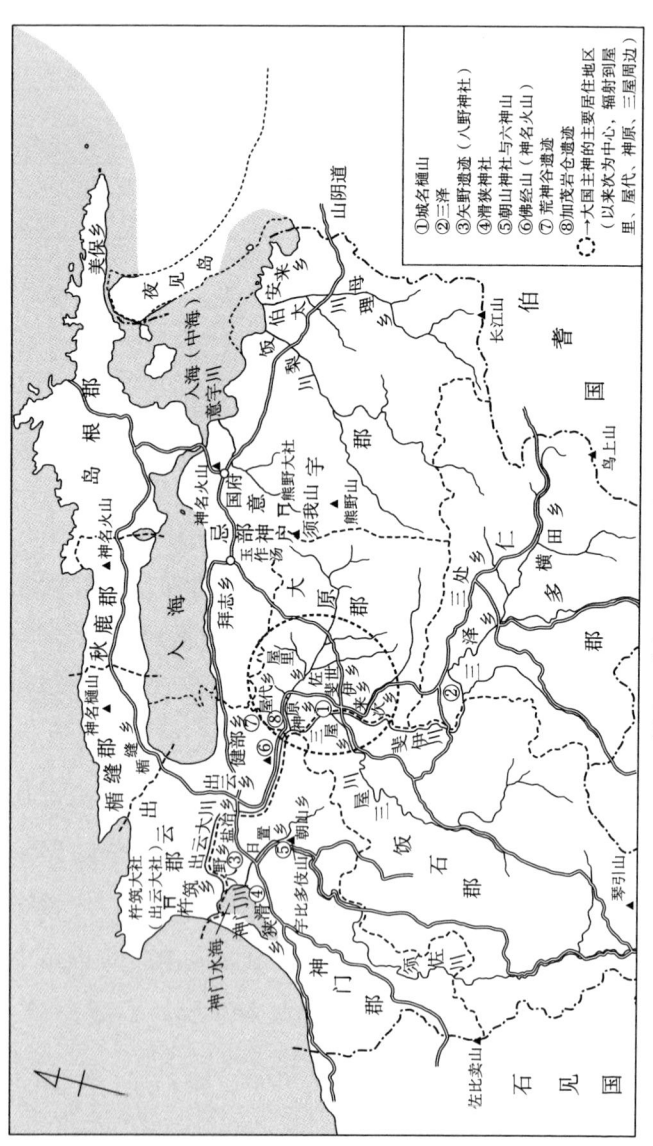

图 56 《出云国风土记》关联图

第四章　出云国造——荣光与挫折

《古事记》中已经明确的事实

《古事记·垂仁天皇》里有"不能言之御子",也就是本牟智和气御子的故事。

第一章也提到了这个故事。由于出云大神作祟(让国之际,大和朝廷约定为其修建大型宫社,却没有遵守),御子天生不能说话,为了解祟,御子来到出云祭拜大神,结束后,御子在肥河(斐伊川)水上的临时行宫接受岐比佐都美(出云国造之祖,现在被祭祀在由佛经山山顶迁移到山麓的曾积能夜神社)的款待。彼时,岐比佐都美制作了绿叶繁茂的山形饰物,竖立在御子行宫的下游。御子见到饰物后奇迹发生了——他头一次开口说话了。

> 是于河下,如青叶山者,见山非山。若(或)坐出云之石䂖之曾宫,苇原色许男大神(大国主神)以伊都玖(斋)之祝大廷乎。

御子见到那个饰物便问:"那是你这位侍奉大神的神主(出云国造)亲手制作的祭场吗?"因为这是他心中最惦记的事情。通说认为出云国造的始祖天穗日命从天而降于意宇之地,其子孙也以此为根据地世代居住,如果是这

出云与大和

样的话，本牟智和气御子祭拜出云大神的目的地应该是意宇才对。但事实并非如此。首先佛经山山顶有磐座（第一章），然后为御子搭建的临时行宫又在斐伊川水上。而且款待御子的不是他人，正是出云国造岐比佐都美。虽说无法推定具体地点，但可以明确国造定居在出云中央部的斐伊川流域，同时奉祭大国主神。本牟智和气御子看到苍翠青山，会问那是否为出云国造的"大廷"，也就理所当然了。所谓大廷（大庭），是指祭神的斋场，此处可能是指四角树立枝叶繁茂之树木以为结界的简朴斋场。

顺带一提，本牟智和气御子后来与肥后长姬共度一夜，得知长姬的真身是一条蛇后，惊恐之下乘船跨海而逃。祭祀着两人的神社是位于出云国西部神门郡的保乃加社（富能加社，出云市所原町），这个故事也与西部的地理条件相符。

传说的舞台

除此之外，与出云国造相关的其他传说的舞台，都分布在出云国中央部到西部。

比如《古事记·景行天皇》记载的倭建命"征伐"出云故事，就是讲倭建命从九州进入出云，一开始与出云建结成了亲密关系，使其放松警惕后将其讨伐。故事中倭建命将出云建引至肥河（斐伊川）并将其杀害。

第四章　出云国造——荣光与挫折

《日本书纪》崇神天皇六十年条记载的出云振根、饭入根两兄弟的故事也一样。振根前往筑紫国时，弟弟饭入根趁兄长不在家，未经许可便将神宝献给了大和朝廷的使者，振根震怒之下杀死了弟弟。彼时兄长将弟弟引到了"止屋之渊"，那里位于《出云国风土记》中记载的神门郡盐治乡，也就是现在出云市大津野町来原的"阿世利池"一带。在没有修建堤坝的时代，斐伊川似乎是小海湾的状态。换言之，这件事的舞台也位于出云西部。另外，振根后来遭到大和朝廷攻击并被杀死，被认为与上文提到的出云建为同一人物。

从以上事例亦可看出，出云国造的根据地位于斐伊川中下游、出云国中央部到西部这片区域。无论如何都不可能在东部的意宇郡。国造家的谱系中有人冠名"意宇"，人们将此理解为国造家从这个人物的时代开始便居住在意宇郡。这个人物确实可能居住在意宇之地，并跟那个地区有着一定关联，可是文献中并未注明其后依旧如此，反倒暗示了跟意宇没有关系。这也无法成为根据地在意宇郡之说的依据。

"不能言的御子"还有另一个故事

上文提到的不能言的御子，因为其故事与杵筑（出云）大社的创建息息相关，因此备受重视。其实，这位

出云与大和

御子还有另一个传说,那就是《日本书纪》垂仁天皇二十六年条记载的誉津别王(本牟智和气御子)的故事。这个故事里,誉津别王看见飞鹄而能言,于是天皇下令捕捉那只鸟。一直追踪鸟儿来到出云国才将其捕获的人便是鸟取造。

《新撰姓氏录》中虽不见鸟取造,却有右京神别鸟取连条的记载。

> 诣出云国宇夜江。捕贡之。

宇夜江的线索出现在《出云国风土记》出云郡健部乡的地名传承中。

> 先所以号宇夜里者,宇夜都弁命,其山峰天降坐之。即彼神之社,至今犹坐此处。故云宇夜里。而后改所以号健部之。缠向桧代宫御宇天皇敕,不忘朕御子倭建命之御名,健部定给。敕。尔时,神门臣古祢健部定给。即健部臣等,自古至今,犹居此处。故云健部。

由此可以得知宇夜江,也就是"宇夜里"的历史,也可以了解后来改名为"健(建)部乡"的情况。换言

第四章 出云国造——荣光与挫折

之，两者为同一地区。

在地图上查看，可见佛经山山麓流淌着宇屋谷川，川东为宇屋谷，川西为荒神谷。直至现在，"宇夜"这个地名也以"宇屋谷"的形式流传下来，可以推测宇夜里，即健部乡就在包含荒神谷的这一带。提到荒神谷，不就是那个一次性出土了三百五十八柄铜剑、十六支铜矛、六个铜铎，让世间为之震惊的荒神谷遗迹（出云市斐川町大字神庭西谷）的所在地吗？这无异于走在神话传承的小巷中，好不容易寻觅到了出云国宝库的感觉。这个遗迹位于丘陵之间的山谷地带，而健部乡就是指这个神庭地区。

观察"建部"的变化

上文为了寻找出云国造的根据地，列举了几个神话传说，其中部分内容还另有重要的意义。可以发现，刚刚介绍过的健部乡的地名传说，给出云国带来了很麻烦的问题。因为宇夜里之所以改为健部乡，是因为神门臣古祢被定为"建部"（之长），建部之臣开始定居在那里，而设置了"建部"的人，又是大和朝廷。该国的"建部"是景行天皇为让其子倭建命之名流传后世而设，实质是军事色彩浓厚的组织，这样的组织被设置在各国枢纽之地，其统帅神门臣古祢又是出云国造的同族（《新撰姓氏录》右京神别）。综合这些进行考虑，可以说"建部"这个制度

出云与大和

是可能左右国造家，甚至出云国命运的东西，也就是大和朝廷在这个地方打下的一个楔子。

可是"建部"在《出云国风土记》编纂的时代已经成了徒有虚名的存在。随着律令制的发展，行政和军事机构逐渐完善，大化改新之前的部民制逐渐瓦解。出云国造的存在形态想必也不得不跟随大和朝廷的时代变化一同发生改变。可是有必要分辨清楚，这个变化是强化了作为国造的独立性，还是渐渐丧失独立性的过程。

佛经山周边（参照图57）至今仍残留着"武部"这个地名，这一事实证明荒神谷一带曾经是重要的战略据点。

到目前为止，围绕出云国造已经进行了不少论述，是时候探讨剩下的问题——出云国造奉祭的出云（杵筑）大社了。

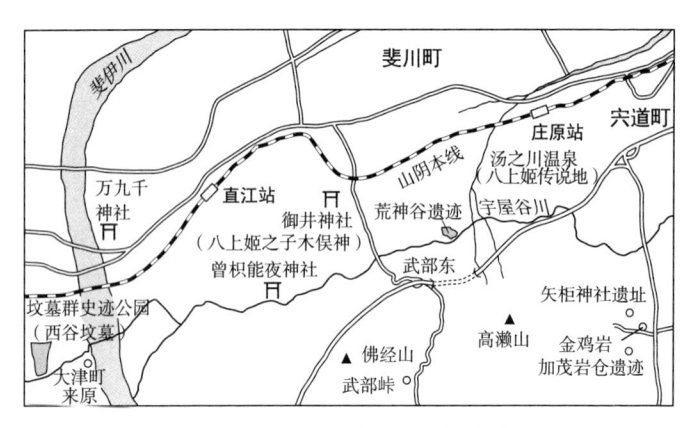

图57 出云国造据点"建部"周边图

第四章 出云国造——荣光与挫折

5. 出云大社何时创建？

没有定论

出云（杵筑）大社（图58）的创建时间已经有许多人进行过探讨，但还没有定论。营造恢宏社殿应该是以"让国"为条件的，但直至今日仍没有出现证据足以证实这一传说。这都是因为史料的欠缺。就连作为天下宗庙的伊势神宫也或多或少存在这样的问题，或许要求一切都有史料进行佐证，其实是种奢侈的愿望。

图58 出云大社（2009年5月，正殿特别参观日）

重要的线索

在这种情况下，下文引用的《日本书纪》齐明天皇

出云与大和

五年（659）是岁条的记载或许能成为重要的线索。

是岁，命出云国造_{阙名}修严神之宫。

"修严"的"严"是指庄严华丽，而"修严"应该是指将神宫的社殿修建得比以前更加庄严华丽。由此可以推断，此时并非第一次营造（创建）。正如上文所述，这里还存在从磐座祭祀转向社殿祭祀的问题，要明确"创建"时间，恐怕是一个极为困难的课题。总而言之，关于这座神宫，因为接下来这段记述，使得人们将其理解为意宇郡的熊野大社，并且几乎成为通说。

①狐啮断于友郡（意宇）役丁所执葛末而去。
②又狗啮置死人手臂（腕）于言屋社。_{言屋，此云伊浮耶。天子崩兆。}

是岁条在后面还记载了③高丽使人带来一张熊皮之事，以及高丽画师借走官家七十张熊皮之事，这些都被归类为动物类故事。顺带一提，根据前一年（齐明四年）是岁条记载，七十张熊皮是越国守阿倍比罗夫讨伐肃慎带回来进献给朝廷的战利品。因此，这个故事（③）的舞台是京城（飞鸟京），与出云没有关系。

226

第四章 出云国造——荣光与挫折

"是岁"的记载大多是像这样日期不详或者无法确定的事情,被归到"年末杂记"这个形式中,其特征在于内容多为疑似事物前兆的不可思议的话题。在这种情况下,狗将死人手臂撕下并叼到言屋社(或为式内社意宇郡揖夜神社)的现象被认为是天皇驾崩的前兆。前一年的是岁条中也记载了出云国雀鱼的故事,认为这是百济遭受唐-新罗联军攻击的前兆。在这段时间前后,出云国传来的故事似乎还为数不少。

通过这些动物类故事,可以推测当时的修严工事动员了役丁,也就是建造宫殿的工人。在文中,那些役丁来自意宇郡,但也有可能从出云国的其他郡征调而来,因此普遍认为由于有意宇郡役丁的存在,所以"神宫"也在意宇郡的说法并不足信,更不能将其妄断为熊野大社。出于上文提到的理由,我并不认同熊野大社之说。我认为,将神宫认为是出云国造奉祭的出云大社并无不妥。

朝廷的情况——建皇子之死

反倒应该注意的是,这个时候进行修严是因为朝廷一方遇到了特殊的情况。当然,这次修严得到了朝廷的援助。

那个特殊情况,就是前一年(齐明四年)五月,齐明天皇之孙——八岁的建皇子不幸夭折。这年(齐明五

出云与大和

年)七月,京内各寺皆讲盂兰盆经,也就是建皇子一周年忌的法要。

建皇子是天智天皇与远智娘生下的第三子,上有两位姐姐,分别为太田皇女和鸬野赞良皇女(参见图59)。这对姐妹皆嫁给叔父大海人皇子(天武天皇)为妃,妹妹便是后来的持统女帝。小弟建皇子本来也是将来有望继承皇位的皇子,只可惜天生福薄命浅。《日本书纪》天智天皇七年(668)二月条这样记载:"其三曰建皇子,哑不能语。"也就是说,建皇子天生就是"不能言的皇子"。其祖母齐明深深怜悯这位天生残疾的孙子,对其关爱有加。

建皇子的不幸不仅仅如此。母亲远智娘在生下他不久后便去世,而且死得极为悲惨。远智娘的父亲是苏我仓山田石川麻吕,在中大兄皇子(天智天皇)打倒苏我入鹿(即"乙巳之变")时立了大功,只是后来又被以谋反罪问,被迫自裁,远智娘也因为心痛过度而死去(后来证实石川麻吕的谋反乃冤罪)。这也是齐明对孙子关爱有加的理由之一。

可是,建皇子年仅八岁便夭折了。虽然母亲已经不在人世,但也可以想象他的祖母和同母姐姐的悲痛。齐明更是恸哭不已,诏群臣曰:"万岁千秋之后,要合葬于朕陵。"[1]

---

[1] 《日本书纪》齐明天皇四年条。——译者注

第四章 出云国造——荣光与挫折

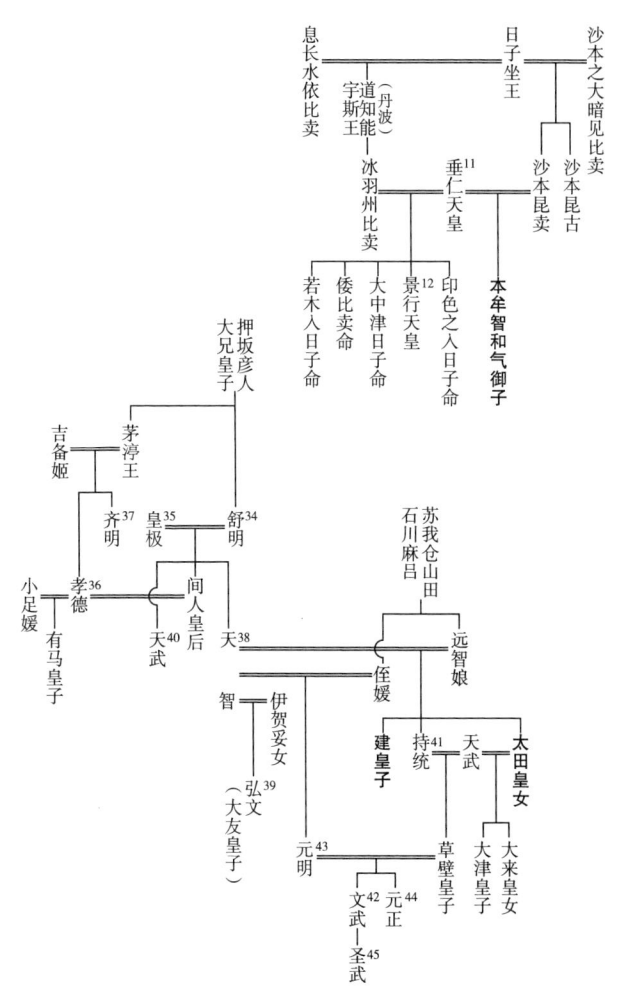

图 59 本牟智和气御子与建皇子

这一合葬最后是否实现，详情无处得知。因为根据《日本书纪》记载，在九州朝仓宫（福冈县朝仓市）驾崩

出云与大和

（661年七月）的齐明，其灵柩经濑户内海被送往难波，后在飞鸟川原入殡，并于天智六年（667）二月葬于小市岗上陵，彼时两年前去世的间人皇女（孝德皇后）与其合葬，同日，又将皇孙太田皇女葬于陵前之墓，但并未提到建皇子之名。这座陵墓是《延喜式》里提到的"越智岗上陵"（图60），普遍认为位于现在奈良县高市郡高取町大字车木一带。可是近年发掘的牵午子冢古坟（高市郡明日香村越）拥有两间石室（图61），同年墓前也发现了石室，该石室被推测为太田皇女之墓，故可以确定此处便是齐明陵。从中可以窥见齐明强烈的家族意识。

图60 齐明陵（越智岗上陵）

若牵午子冢古坟是齐明陵，那么我愿意相信，建皇子的遗骨被移葬到了那座凝灰岩石室中，按照祖母的愿望，常伴其左右。

第四章 出云国造——荣光与挫折

图 61 牵午子冢古坟及其内部

另一位"不能言的御子"

言归正传。齐明哀悼建皇子之死,咏挽歌一首,内容如下:

> 遥望今城处,苍茫有小丘,
> 流云若常驻,尤可止哀叹。

意思是,如果流云能够停驻在今城的小丘之上(皇

出云与大和

子殡宫所在地），我也不至于这般哀叹了。

说到挽歌，齐明临幸纪伊白浜温泉时，也随心作了两首。

潮汐入川口，悠悠随海流，
后事引忧患，留子独前行。

意思是，乘着涌入河口的海潮，顺海路而下，带着阴郁的心情，留下稚子独自离开。

留我爱稚子，孑然赴前路。

意思是，留下我疼爱之子，独自向前行走。（解释均引自小学馆《日本书纪》。）

聪明的读者或许已经察觉到，以前有一个与出云大社创建有关的"不能言的御子"故事。我认为，即便是巧合，同为"不能言的皇子"，建皇子的存在是否与出云大社的将来有着很深的关联呢？

"不能言的御子"是指垂仁天皇的皇子本牟智和气御子（《古事记》），或称誉津别王（《日本书纪》）。他不能言的原因是大和朝廷至此尚未完成让国之时的约定，也就是为大国主神修建恢宏的社殿，因此遭到大国主神作祟。

天皇得知此事后，派皇子前往出云祭拜大神，皇子因此能言。天皇大喜，又派使者前往出云安排修建社殿之事。《古事记》的记载到此为止。

在《日本书纪》中，皇子虽然没有前往出云，但看见天上飞鸟而能言。天皇下令捕捉那只鸟，鸟取造一路追赶到出云的荒神谷将其捕获。

联系大和与出云的"不能言的皇子"

需要注意的是，虽然记纪的描述方法各异，但都由本牟智和气皇子（誉津别皇子）将大和与出云联系起来。而且两方的记述都没有持续到修建大社。如此一来，可以推测后来在编纂《古事记》和《日本书纪》的相关人员中间，关注到"不能言的皇子"即"建皇子"的存在，因此在处理相关记述时格外注意。换言之，这是活生生的"当代史"材料，建皇子必定对记纪中本牟智和气御子（誉津别王）的人物塑造产生了影响。比如《日本书纪》与《古事记》不同，没有让誉津别皇子亲临出云，想必就是代入了建皇子的经历。

齐明女帝营造出云大社

可是，受此事影响最深的便是齐明女帝。齐明自觉，她为"不能言的皇子"，也就是爱孙建皇子要做的事，便是遵守大国主神让国时立下的约定。换言之，就是重新营造尚不完善的出云大社。

齐明五年（659）是岁条记载的"修严神之宫"，正是这一思想的体现。虽然"修严"的程度不明确，但可以推测是将规模并不大的社殿修缮得更加恢宏大气。另外，修严的记载被收录在这一年，可能是为了建皇子的一周忌，其工程在这一年结束。不管怎么说，能够完成这一壮举，完全是出于齐明女帝怜惜皇孙的"爱意"，以及她曾经在飞鸟之地大建工事的"果敢"。

平安时代被称颂为"云太、和二、京三"①的恢宏社殿是否为此时营造之物，这点无法明确。不过从大型建筑修建技术完备、社会条件成熟这方面来看，恐怕没有比齐明朝更合适的时期。从《出云国风土记》的文字可以推断，至少在8世纪初期风土记编纂之时，当地就已经拥有如此恢宏的社殿了。

6. 国造家的历史蒙上阴影

解除大领职

历史悠久的出云国造家开始笼罩上一层阴影。延历十

---

① "云太"谓出云国城筑明神神殿（出云大社），"和二"谓大和国东大寺大佛殿，"京三"谓大极殿（京都御所）。——译者注

第四章 出云国造——荣光与挫折

七年（798）三月，自庆云三年（706）以来以国造的身份兼任的意宇郡大领一职被解除。当时太政官符给出的解任理由如下：

> 昔者国造郡领职员有别。各守其任不敢违越。庆云三年以来令国造带郡领。寄言神事动废公务。虽则有阙怠。而不加刑罚。乃有私门日益不利公家。民之父母还为巨蠹。自今以后。宜改旧例国造郡领分职任之。①

国造家虽然以郡司（大领）身份参与行政，但因为专于神事而怠慢了郡务，并且追逐私利，所以兼任问题受到重视。

出现这种方针的背景，是随着国郡制发展，国衙即国司（长官为国守，直到平安中期以后才被称为受领）的地方统治得到强化，因此郡司（大领、少领、主税、主帐）的权限受到限制。出云国造曾通过兼任意宇郡大领而得到活力之源，可是那个时代正在成为过去。这就是朝廷以怠慢公务和追求私利为由将其解任的原因。如此一

---

① 《类聚三代格》7（郡司事）延历十七年三月廿九日符。——译者注

来，出云国造家便不再是大化改新之前那种身为地区支配者的国造，而变回了作为神官负责奉祭神明的国造。

兼任被解除的时间是延历十七年（798），也就是迁都平安京［延历十三年（794）］仅仅四年后。这点也值得注意。国造家早早就深刻体会到迁都平安京会给自己的将来笼罩上一层阴云了。

贡置四神为"皇御孙命之近守神"的内容形成了上奏神贺词的核心，这一内容之所以有意义，是因为四神都与当时的宫都一样位于大和国内。其实，四神组成的"菱形"在从藤原京迁往平城京之后，已经无法囊括宫都，但是只要宫都还在奈良盆地之内，就不会有损守护神的体制。

迁都长冈京，再迁平安京

然而桓武天皇放弃了"大和"的宫都，将宫都迁往山背（城），这就是延历三年（784）的长冈京迁都。十年后，他又进一步北上，迁都平安京。长冈迁都发生在甲子"革令"之年，平安迁都则在辛酉"革命"之日——毋庸置疑，两者都在漫长的宫都历史上造成了巨大变动。由于宫都迁至山城国（平安迁都后，改"山背国"为"山城国"），上奏神贺词的依据和意义完全消失了。如此想来，上奏神贺词的仪式在平安前期彻底废止，也是理所当然的结果。

第四章　出云国造——荣光与挫折

从出云国的角度来看，山城国的平安京距离更近；但是对从大和朝廷以前就与大和国关系深厚的出云国造来说，平安京却成了遥远之地。

被贬为"国神"

《令义解》对众神的理解展现了进入平安时代以后，朝廷对包含出云国造在内的出云国的态度变化。《令义解》是朝廷对奈良时代到平安时代初期各家解令之说进行公开确认的文献，由清原夏野等人在天长十年（833）献上，翌年施行。其中《神祇令》这样解释天神、地祇：

> 天神者。伊势、山城鸭、住吉、出云国造斋神等类是也。地祇者。大神、大倭、葛木鸭、出云大汝神等类是也。

普遍认为，这个解释取自《古记》（天平十年前后）之说，后者被收录于贞观十年（866）上呈的《令集解》（收集各家对律令条文语句解释的书目）中。可是《古记》将"山城"记为"山代"，并未见"类"。另外，《古记》的说法还存在问题。

首先可以发现，出云系众神皆被定义为地祇（国神）。结合其由来进行思考，可以认为本应被归为天神的

出云与大和

出云系众神被一并贬为了国神。

其次,有两组颇为引人注意的表述。一是"出云大汝神"与"出云国造斋神",二是"葛木鸭"与"山城鸭"。

前者大汝神(大穴持、大名持神)自然就是大国主神,应该无须加上"出云"这个说明。此外,称其为"大汝神"而非"大国主神"这点也让人颇为费解。另外,"出云国造斋神"又是什么?按照正常理解,那应该是大国主神,但这里好像是指同为出云国造奉祭的熊野大神。因为出云国造奉祭的二神中,排除大汝神(大国主神),就只剩下熊野大神。可是如此一来,直接写上熊野大神便可,为何偏偏要在此处采取如此迂回的表述呢?想来这是因为文中将大国主神贬为地祇,为了模糊熊野大神被定为天神的不自然之处,留下将其理解为大国主神的余地,故意使用了"出云国造斋神"这种迂回的表述。将地祇大国主神故意表述为"大汝神",恐怕也是出于同样的盘算。从这里可以窥见纂文者为处理代表出云系众神的大国主神的表述颇费了一番心思。可以说,商讨出这一套表述的人堪称高智商犯罪者。

为何被定为天神?

关于出云系众神的待遇,最大的疑问便在于"葛木鸭"和"山城鸭"的定位。如果葛木鸭（高鸭神社）是地祇，那么从中分流，经南山城的木津迁移到现在地区的"山城鸭"（下鸭神社、上贺茂神社）当然也应该被定为国神。那么，他为何成了天神呢？

理由很明显，而且跟上文提到的桓武天皇迁都平安京有很深的关系。迁都之前，天皇在延历十二年（793）二月二日派遣参议治部卿壹志浓王等人向贺茂大神汇报迁都之事。另外，弘仁元年（810）平城上皇及藤原药子还都平城旧京的预谋失败，也就是"药子之变"时，嵯峨天皇也为了祈祷必胜而向贺茂神社进献了斋王。这便是贺茂斋王（斋院）之始，以后天皇每次换代，都会进行"伊势斋、贺茂斋"的卜定，并在同日定两名皇女为斋王。如此一来，贺茂神社就成了守护王城的神社，与伊势神宫比肩，受到朝廷尊崇。那么，贺茂神社祭祀的就不能只是国神了。可以认为，就是在这一时刻，"山城鸭"便与"葛木鸭"区分开来，被定为了天神。

如此梳理下来，很难认为上文提到的《古记》对鸭神的解释出自天平时代，它显然被后世更改过。我希望这种对《古记》的解读能引起学界的注意。

困难时代的开端

对出云系众神来说，迁都山城，继而迁都平安京意味着困难时代的开端。其中受影响最大的，便是奉祭大国主神的出云国造。

同年十月，出云国造被解除兼任的郡司一职，还受到太政官的训诫。太政官认为国造新任为神主后，便抛弃嫡妻，集百姓女子为神宫采女，而且将采女纳为妾室的行为十分猖狂。故太政官下令，万不得已之时，国司可卜定其中一人为巫女。

这一习俗原本是神事的一环，因为超过限度而被当作煽动淫风的行为，成了被禁止的对象，可以将此理解为国造被解除兼任的原因，从中似乎可以听到国造家的悔恨之声。

顺带一提，与出云国造同族的筑前国宗像神主也遭到与上文相同的处置，可以将其理解为针对出云系众神的处理。

只留存在人们记忆之中

如此一来，出云国造的历史就只留存在人们记忆之中了。

可是，出云国终于迎来了彰显其存在感的时刻。荒神谷和加茂岩仓出土了数量惊人的铜剑和铜铎，出云大社辖地内又发现了巨大支柱，超乎想象的古代世界将要复苏。出云正在等待一次彻底的重新探讨。

第四章　出云国造——荣光与挫折

将根据地迁移至杵筑

可以说,"不能言的御子"是虚中生实、神话编织成历史的典型事例。如果没有建皇子,以及如此关爱这个孙子的齐明女帝,出云大社的历史可能会变得截然不同。

因为祭祀大国主神的"社殿"得到营造,奉祭该神的国造的存在形态也发生了巨大的改变。最大的影响便是将根据地(斐伊川中下游,神名火山即佛经山山麓一带到木次之间的区域,以郡名表述便是出云郡到大原郡之间)迁移到了杵筑(出云郡)。这是一场从出云中部到西部的迁移。虽然年份不明,但结合上文的考察,应该可以推断为齐明朝。出云国造家来到杵筑之地后,一直生活了一千三百余年,直至今日。

如果这样说,一定有人马上提出这个疑问:出云国造不是在出云国东部的意宇郡大庭(松江市大庭)建有宅邸吗?大庭宅邸不是国造家的活动据点吗?那现在依旧被传承为地名的大庭宅邸究竟是什么?

大庭的确是国造家的活动据点,"大庭"这个地名也指代了以国造身份展开的活动。可是大庭宅邸只是暂时的据点,也就是所谓"别院"。

出云国造在这里居住的契机是庆云三年(706)时任国造(或为果安之父兼连)被补任为意宇郡大领(郡司

长官)。意宇郡内有起到一国中枢作用的国衙,而意宇郡的郡家就在国厅旁边。身为大领,就产生了在郡家近处修建宅邸的需要。事实上,大庭宅邸就在国厅与郡家不远处。出云国造家兼任大领之后,如果居住在杵筑的根据地(本宅),就履行国造的工作;如果居住在意宇的别院,就开展郡司的工作。换言之,这就是一种双重生活。可是国造家另外还有熊野大社的工作,所以即使身在大庭,国造的工作可能也很多。

可能国衙也是一样,郡家的机构完善也才刚刚有了头绪,因此大领有许多工作需要跟国司保持沟通。虽说如此,也并非每天都是上日(出勤日),因此虽然存在一定的时间和空间制约,还是有可能兼顾国造(神主)和郡司(大领)的工作。不仅如此,正如上文已经考察过的,果安和广嶋等出云国造在这种双重生活刚开始的时期还积极开展了最具雄心壮志的活动。

双重生活的消解

可是,出云国造以意宇郡大庭宅邸为据点活动的生活,到平安初期的延历十七年(798)大领解任后便结束了。既然不再是郡司,就没有了继续居住在意宇郡的理由和需要。国造家搬离大庭(但没有处理掉房屋等财产),回到了杵筑。这就是国造家的据点不在意宇郡的证据。如

第四章 出云国造——荣光与挫折

此一来，双重生活自然消解。这就意味着国造家变回了本来的面貌。

出云国造家的意宇郡时代在九十年后终结。可是在此期间，熊野大社的钻火殿（图62）举行的国造换代继火仪式（因为大社与国衙接近，可能有着政治上和社会上的意图与效用）直到现在都没有改变，一直持续下来（近世以后也在神魂神社举行过）。

图62　熊野大社的钻火殿

继火仪式是用钻火殿钻出的火来烹调斋食，再由新国造食用，这是继承祖灵的重要仪式。而只有国造本人，一生都要食用最初钻出的神火所烹饪的食物。从这一点来看，也可以理解熊野大神乃御馔之神的意义。

出云国造通过神火一代代传承灵魂，是大国主神唯一的奉祭者。这一意义十分重大。

终章　回到总社

出云式狛犬（神谷神社旧社址）

出云与大和

何谓"国司神社"?

我一直对"国司神社"这个名称感到好奇。它读作"kokushi"[①] 神社吗?

我年轻时,经常到各国国衙(国厅)的旧址和相关遗迹去进行实地调查。当时一直携带的都是国土地理院的地图,或是更为详尽的分县地图,而那些地图中经常出现"国司神社"这个名称。最让我印象深刻的是冈山县新见市的国司神社,因为在南北狭长的市辖范围内,我至少看到了五个国司神社的名称。这可能是因为此处有著名的东寺领庄园新见庄,使我有很多翻阅地图的机会。

国司神社究竟是什么?这对正在调查国衙和国司的人来说,都是略感好奇的存在。可是,其中也有难以理解的地方。如果跟国司相关,那么不应该在一块有限的区域内存在如此多的国司神社。而且其分布偏向山间地带也让人有点在意——我以这样的疑问为借口,最终没有到实地去查看,这一怠慢后来便成了深切的悔恨。

[①] "国司"的读音。——译者注

终章　回到总社

在津山的中山神社

我头一次遇到的国司神社，是冈山县津山市北郊的中山神社。当时我正在"磐座巡访"途中，那天为调查磐座祭祀的遗迹，特意选了五月本宫祭的日子来到大松山的石上布都魂神社（冈山县赤磐市）（图63），看到完全由基岩构成的巨大磐座而惊叹不已，并在参观完祭奠后返回，从金川站乘坐津山线北上。津山线沿线是自古以来制铁业兴盛的地区，至今仍在各地留有遗迹，中山神社便是其中之一。根据社传记载，现在祭祀的虽然是镜作神，但原本祭祀的是大己贵神。可是后来出现矛盾，大己贵神把宫地让给了后来的神，自身则退居别处。此后，大神又提出希望回到神社境内的要求，人们便在辖地内修建小祠进行祭祀。

图63　石上布都魂神社（冈山县赤磐市）

出云与大和

那座小祠修建在林荫之处。我走近一看，那竟是"国司神社"（图64）。虽然规模意外地小，但我直面它时，心中油然涌出一股类似赎罪意识的感情。这一定是出于长年忽略了这个主题的内疚感。因为这件事，我便开始了"国司神社巡访"（参见图65），其热情连自己都略感无奈。

图64　国司神社（中山神社内）

国司神社巡访

一天，我坐在每次前往出云都要乘坐的伯备线列车前往新见，寻访了离车站最近的高尾町国司神社。在这里要

终章　回到总社

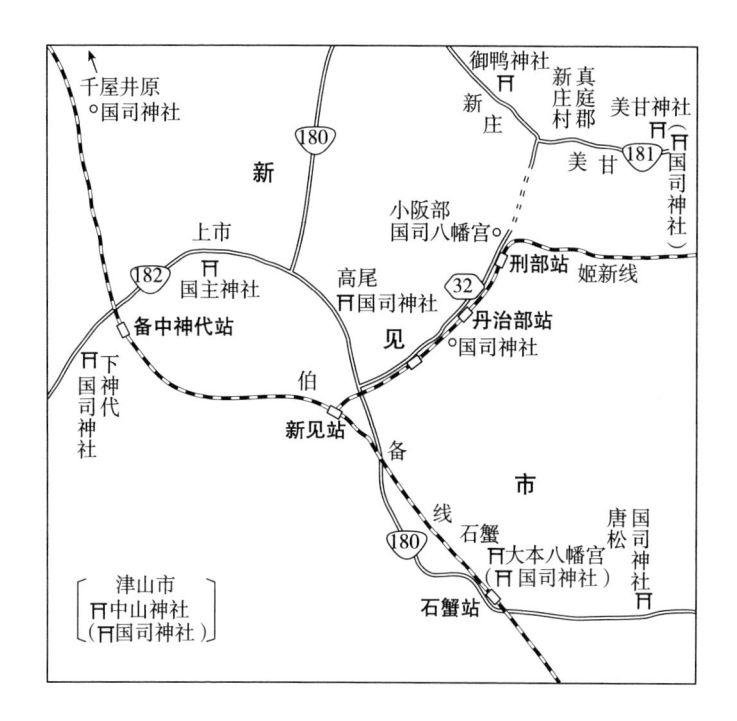

图65　笔者巡访过的国司神社（1）

感谢宫司热情接待了我这个突然来访的人。以下就是我与宫司一问一答中总结出的国司神社概要。

○包括新见在内，冈山县和广岛县有很多国司神社，这些神社都祭祀大国主神（大己贵神），在明治以前被称为"国主神社"。

○因为明治时期的一村一社制，村内的社祠被集中到一处，彼时便将名称改为了"国司神社"。因为"国主"

出云与大和

等于"一国之主",国家肯定不愿意见到。出于这种自律的想法,神社才会把名称改为"国司"。新见市内唯一没有改名的地方,是上市的国主神社(图66)。

图66　国主神社与国司神社

○新见之所以有很多国司神社,是因为每个集落都有一座祭祀大国主神的神社。这片地区自古便有着兴盛的制铁产业,因此由掌握这一产业的出云族祭祀。

宫司口中的一言一语,渐渐解开了我长年的疑问。国主原来是大国主神的略称,经过变更后变成了国司。国主神社祭祀的是大国主神,但国司神社在改名之时,将祭祀的神也改为了大己贵神(实际为同神)。因此,国司神社并非我以前想象的那样,跟国司这个地方官有关。可是在得知这点,总算安心的瞬间,我又意识到当时自己只要稍加调查,便能早早得出答案,或许还能因此得到新的课题，而我竟眼睁睁地错过了这个机会，顿时悔恨不已。我白白浪费了三十年。

制铁业兴盛之地

国司神社大量分布于冈山县和广岛县，意味着这个地区与出云一样含有矿脉，因此存在大量从事制铁业的工人。正如宫司所说，如果往上回溯，这里的主体都是出云之人，他们为了得到精神的归宿，便祭祀起了大己贵神（大国主神）。其中有朴素而小巧的小祠，也有营造在山麓、作为村落产土神得到奉祭的恢宏社殿，形式可谓多种多样。重要的是，无论其存在形态如何，有国司神社之处必然有制铁产业的痕迹和传说。大国主神信仰从原始、古代到中世甚至近世，一直伴随着制铁业不断扩张。祭祀大国主神（大己贵神）的国司神社，即国主神社，便是其证据。在这里，我要附上几张国司神社的照片（图67～图70）。

正如大国主神（大己贵神）得到制铁业工人的信奉，其子味锄高彦根神[①]也与制铁业息息相关。味锄高彦根神便是祭祀在奈良县西南部高鸭神社的迦毛大御神，第三章已经提到过，高鸭神社是遍布日本全国的鸭神社的总本

[①] 即前文的味鉏高彦根神。——译者注

出云与大和

社。我决定在冈山县西北部的真庭郡山间地带寻访足以证明鸭神社存在意义的事例。

图 67 新见市各处的国司神社

国司神社是在大国主神信仰传播过程中诞生的神社，祭祀大己贵神，也就是大国主神。古称国主神社，明治以后改为国司神社。附近存在矿脉，位于自古以来制铁业兴盛的地区。其特征是多位于与出云相邻的安艺和备后等地区。

（以上三幅图依次为新见市高尾、神乡下神代、唐松的国司神社。）

终章　回到总社

图 68　总社市新本的国司神社

图 69　新见市石蟹，大本八幡宫内的国司神社

图 70　真庭市美甘，美甘神社内的国司神社

美甘村的鸭神社

这次我又沿伯备线北上，在鸟取县根雨站下车，再次进入冈山县境内。根雨（neu）这个名称本身便是"铁"的古语，而这个地区也拥有一条东西走向的矿脉。附近有金持神社，有铁山（铁山川）这种地名，亦可算作佐证。我造访的美甘村（现真庭市）与新庄村都是这些地区内的村落，新庄为美甘的分村。两村各有一座鸭神社，分别是美甘神社和御鸭神社（图71）。

图71 新庄的御鸭神社

根据传说，两社都起源于附近宫座山（图72）的磐座祭祀。宫座山山顶附近有三座并排的巨石，分别被称为边津磐座、中津磐座、奥津磐座，其下方的岩石因为处在

终章　回到总社

图72　宫座山

可以仰视三座磐座的地点，被认为起到了祭坛的作用。磐座祭祀的是味锄高彦根神，而大和的三轮山则在山顶奥津磐座祭祀大物主神，山腰中津磐座祭祀大己贵神，山麓边津磐座祭祀少彦名神，两者相比较，可以推测宫座山的三座磐座曾经也分别祭祀不同的神明。不管怎么说，这里曾经属于典型的出云信仰世界。相传其后在山麓修建了社殿。这是从磐座祭祀到社殿祭祀的转变，鸭神社的原型由此诞生。原来的鸭神社祭祀的神明因后世（江户时代）分村而被分祀在美甘村和新庄村。新庄在附近山丘上修建了新社殿，一直延续至今。美甘本庄一开始将社殿建在其他地方，后移至现在的所在地。那里原本是国司神社的辖地，当初采取了借地的形式，国司神社相当于被鸠占鹊巢，现在成了美甘神社境内的摄社。不用说，这座国司神

出云与大和

社便是祭祀大己贵神的国司神社（图70）。

另外，这里磐座（iwakura）所在的山被称为宫座（miyaza）山。这个名称比较罕见，想必是因为集落中存在过宫座组织①。我带着这个想法去询问，却被当地人纠正了读音，说正确的读音是"miyakura"。分村之后，原来的鸭神社的社殿去了哪里？其后情况虽然不详，不过宫座山这一称呼，想必是为了纪念这一信仰而起的名称。

浓缩的出云

不管怎么说，冈山县西北部的山间地带一开始有着可能源自弥生时代的磐座信仰，后转变为简朴的社祭祀，再变为集落中的正式社殿祭祀。这样的祭祀历史尤其能够体现制铁业人群的信仰形态。可以说，这里就是"浓缩的出云"。

提到浓缩的出云，我就想起以前曾经看过与此酷似的风景。冈山县总社市西部不仅有两个国司神社和一个鸭神社，附近还发现了弥生时代以来的制铁遗迹，可见那一带完全是个制铁基地（参见图73）。

---

① 参与地方镇守或氏神神社祭祀的村落内的特权组织。在这样的村落内没有专属神职，而是由宫座成员每年轮流出任神主。——译者注

终章　回到总社

我要重申一遍：鸭神社与国司神社一道，都是与制铁息息相关的出云系祭祀场所。

图73　笔者巡访过的国司神社（2）

能登气多大社的平国祭

从前面章节讲述的四隅突出墓东渐之态，可以窥见出云势力在日本海沿岸向东蔓延的样态。那么，那些地区又是如何吸纳了出云的众神？鸭神社与国司神社的分布与制铁地区重叠，这已经成了出云信仰与祭祀的鲜明特征。可是大国主神信仰在与制铁无缘的地区也普及到了人们中间，因此有必要拓宽考察的视野。在这一点上，我认为能登半岛的气多大社传承的"平国祭"，也就是俗称"御出祭"的活动（参见图74），就充分体现了大国主神信仰的接纳与传播。

257

出云与大和

顺带一提，能登的"气多"这个地名源自大国主神（大己贵神）救助素兔的因幡国气多岬（鸟取县鸟取市）（《古事记》），大己贵神与八上姬从气多岬出发来到能登，所以留下了这样的地名。

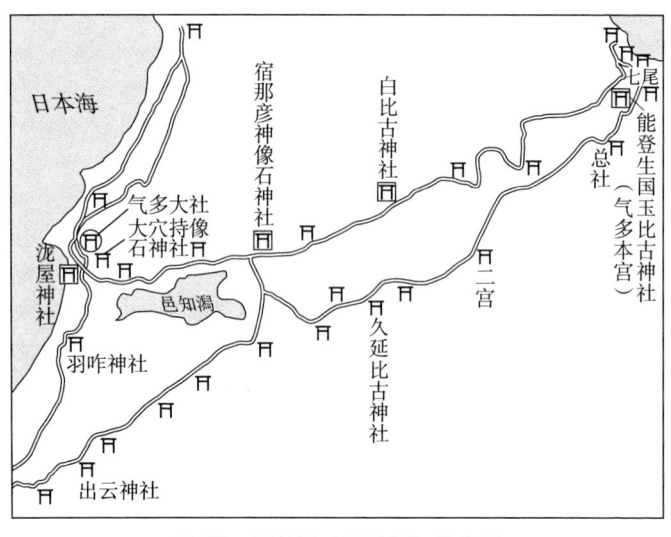

图74 御出祭（平国祭）神幸图

平国祭以能登半岛西海岸石川县羽咋市的气多大社（图75）为起点。因为大国主神从因幡的气多前来（御出），与少彦名神一道将生活在此地东北方的狭长潟湖的毒蛇消灭，平定能登国，人们为感谢大神，就举行了这个祭典。祭典时，散落于邑知潟（图76）周边的集落按顺序迎送大国主神与少彦名神的石像神体，最后送到东海岸七尾市的气多本宫（图77）。

终章　回到总社

图 75　气多大社（羽咋市）

图 76　邑知潟风景

图 77　能登生国玉比古神社（气多本宫，七尾市）

出云与大和

平国祭（御出祭）的祭典连续七日，从 3 月 18 日持续到 23 日，以抽签选中的神马打头，宫司带领五十人队列展开巡行。人们在神轿上放置大穴持神像，途中在宿那彦神像石神社停留一夜，让宿那彦神像与大穴持神像同座，展开接下来的神幸之旅。这个活动一直持续到今天。当地有俗语"寒气只到气多御出为止"，是能登庆祝春天到来的大规模神幸祭。

由于填埋和护岸工程，邑知潟的景观已经与往日截然不同，但是参与邑知潟周边开发的人们将奉祭国土开发之神——大国主神与少彦名神的这个祭典作为彼此间的羁绊，逐渐固定下来，成了集落之间的活动。

顺带一提，《三代实录》贞观二年（860）六月九日条记载，能登国大穴持神像、宿那彦神像这两座石神各列官社。石像被定位为官社乃是特殊事例，而石像本身当然不是露天安放，而应该被安置在小祠之中。现在两座石像各自被祭祀在大穴持像石神社（图 78）和宿那彦神像石神社（图 79）的社殿中。可能在这一阶段之后，又过了许多年才衍生出将两座石神像送至村落间传递的活动。不用说，其根基就在于将大国主神与少彦名神视作国土开发之神，并共享这一信仰的地域社会的风土。

终章　回到总社

图 78　大穴持像石神社

图 79　宿那彦神像石神社

龟冈祭的"三轮山"

跟气多的御出祭一样,丹波国(京都府)龟冈市也有感谢大己贵神开垦潟湖的祭典，那就是每年秋季举行的"龟冈祭"（山车祭）。这是龟冈古社锹山神社的秋日祭礼。现在的龟冈盆地还是湖泊时，由于百姓生活困苦，出云大国主神（大己贵命）持锹乘船，将浮田峡（保津峡）掘开，让湖水流入山城，滋养出肥沃的土地。为了歌颂其功绩，将大己贵命祭祀于锹山神社，其祭礼便是龟冈祭。这个祭礼中还会出现祭祀大和大神神社三鸟居的三轮山山车（图80）。

龟冈祭让人联想到出云势力也进入了丹波（丹后），并且一路深入到山城，同时它也提示了当地人民将大国主神视为开拓之神并加以崇敬的历史。

图80 龟冈祭中出现的三轮山山车

再次回到备中国的总社

平成二十四年（2012）五月，我在冈山县总社市完

终章　回到总社

成最后的"国司神社参拜"后，回到了备中国的总社。

三年前我来到这里时，发现总社祭祀的主神是大己贵神（大国主神），顿时一脸茫然。总社不是集中祭祀一国之内的众神吗，为何这个总社祭祀的主神会变成大国主神？为了探明缘由，我展开了寻访大国主神之旅。

大国主神的信仰在日本许多地区得到接纳和普及。大国主神以其异名之多著称，也是一位事迹与其异名同样多的神明。其中最主要的特征是与自古以来制铁集团的信仰和祭祀有关，我每次到当地采风，都会对鸭神社更加关注，而最有趣的，则是国司神社的"发掘"。

可是，每当有人介绍大国主神（大己贵神），都要称其为"建国"大己贵神、"所造天下"大己贵神，他始终与建国不可分割，可见国土开发之神是赋予这位神明的至高概念。当然，其建国故事多种多样，但毋庸置疑，其根基就是创建了古代人民生活的基础，营造了能够保证稳定生活的环境。

在这个意义上，国司作为身负"劝农抚育"、治理一国使命的官员，学习建国之神大国主神的事迹就成了政绩的一部分。将治国定为国司考课（职务评定）的标准乃理所当然之事。可是众所周知，到了平安后期，这一基准和原则变得模糊，导致国司制度变得几乎没有原则，因此国司开始松懈。即使在那种情况下，依旧出现了不少有心的良吏。在总社祭祀大国主神（大己贵神）的人，应该是将大国主神当成国土开发和治国之理想的国司们。他们前往任国之时，还带去了自身的那种信仰。当然，一开始只是将大国主神加入一国众神之中"并祀"，将其祭祀在"相殿"中，后来随着时间的推移，大国主神不知何时就成为祭祀的主神。

祭神调查是理解地域历史的必要行动

由于被祭祀在一国祭祀中心的总社，大国主神的信仰应该进一步得到了扩大。在这个意义上，可以说到中世之后，大国主神信仰实现了真正的传播。备中国的总社便是一个典型例子。

在为时三年的寻访大国主神之旅期间，我得到的最大教训就是造访地区神社时，必须查问祭祀的是何神明。因为我的工作是判断祭祀的是否为出云神，因此这是不可或缺的行动。不管是否以此为目的，了解祭祀的神明都是了解那个区域的历史和社会形态时最为有效的线索。

狛犬与社日——出云系的标识

途中得到了一些有趣的知识。如果神社社殿前放置的狛犬前腿弯曲下蹲，后腿高高撑起，伸长后脚撅着屁股，

终章　回到总社

那么这座神社就属于出云系（参照本章扉页照片），反过来则不一定是。当然，并非所有出云系的神社都放置有这样的狛犬。除了狛犬，被称为"社日"大人的五角形石柱（五面各刻有大己贵神、少彦名神、天照大神、埴安姬命、仓稻魂命）（图81）也是出云系的标识。要是狛犬和社日都凑齐了，那么神社就一定属于出云系。

图81　神谷太刀宫的社日

另外，社日是指离春分、秋分最近的戊日，每到这天，人们都会祭祀"社"（即地神），祈祷五谷丰登，感谢神明保佑收成。表达这种心愿的五角形标柱被人们亲切地唤为"社日"（大人）。这一习俗应该源自大己贵神和少彦名神的建国神话。

出云与大和

久美浜——出云与大和通路的连接点

当积累了一定的经验,并明白了这些规律时,我造访了丹后(京都府)久美浜的神谷神社(神谷太刀宫)。这座神社境内与山麓接壤的地方有一座巨大磐座(图82),可见这里自古就有磐座祭祀的传统。而且,这里还有"社日"。我又顺路去看了这座神社在山谷间的故地,发现了一对撅起屁股的狛犬。神谷神社无疑就是出云系的神社。

图82 神谷太刀宫的磐座

久美浜有推断是四隅突出墓的权现山遗迹,又有坐落着磐座的出云系祭祀(神谷神社)。顺带一提,中丹福知

终章　回到总社

山市宫区的一宫神社相传还劝请了大和的大神神社祭祀的大己贵神。其社殿门前也有一对造型略显粗糙的同种狛犬，表明这里也是出云系的神社。该市内另有其他祭祀大己贵神的一宫神社，可见这里已经吸纳了出云的信仰。再继续南下，龟冈市出云区还有号称"元出云"的出云大神宫，也有传承了龟冈祭的锹山神社。大和朝廷的势力在极早期便进入丹后，此前的普遍看法认为，这里找不到出云的影响，但事实上，情况截然相反。自《魏志·倭人传》的时代以来，在久美浜湾登陆后，经由丹后—丹波—山背（城）的路线，便是沟通出云与大和的大动脉，而久美浜（湾）则是那条路线上最为重要的节点和据点。只要来到当地，站在甲山顶上眺望前方广阔的久美浜湾（图83），定会产生这种感觉。丹后一直被认为是出云论中缺失的一环，补全这一环便是我写作本书的原动力。这都得益于我关注到了神社祭祀的神明。

"打出之小槌"[①]——大国主神信仰的扩散

上文提到，在我回到备中国的总社前，曾造访过总社

[①] 《御伽草子》中关于小槌的故事出现在《一寸法师》里。该小槌通常出现在大黑天（大黑大人，即大国主神）的神像手中，也有小槌是鬼的宝物一说。——译者注

出云与大和

图 83　甲山（下）及从其山顶眺望的久美浜湾（↓是出入口）

市的国司神社等地点，这里要讲的便是那座国司神社。其正殿屋檐下有个奇怪的东西，仔细一看是个木槌（图84）。如果把大国主神跟"槌"放到一块儿，那它恐怕就是大黑大人的"打出之小槌"了。神社祭祀的大国主神在这里成了大黑大人，让人感觉神话的世界突然转移到了御伽草子的时代。然而，这个小槌正是大国主神信仰进一步深入到民间的象征。

看来，寻访大国主神之旅，终于接近了终点。

终章　回到总社

图 84　打出之小槌（总社市新本的国司神社）

后　记

我一直暗自描绘的"出云论"终于汇集成文，这让我松了一大口气。

说到出云，就让人联想到荒神谷遗迹（1984 年）和加茂岩仓遗迹（1996 年）出土的数量庞大的铜剑和铜铎，以及出云大社境内发掘出的支撑社殿的巨大支柱（2000 年）。这些无论质或量都超乎想象的遗物遗构，每次发现都会引发话题。相继发掘出来的四隅突出墓（尤其是西谷 2 号墓、3 号墓）也可以说是出云（圈）独有的历史遗产。出云曾经拥有过强大势力的认识，正在渐渐成为定论。

可是，尽管这些"事件"不时成为人们的话题，归根结底，出云还是被当成附属于大和朝廷的存在，从未出现过超出这一框架的出云论，也几乎从未有人在古代史上给出云做出正确的定位。

后 记

古代的出云世界究竟是什么样子的。我为了寻求这个答案而访问各地,本书可谓记录了真真切切的遍历轨迹。在这里,我要列举出旅途中得出的三个理解出云的主题。

第一,是三轮山的存在。众所周知,这座山整体被奉为神体,因此有拜殿而无正殿。这种远古的祭祀与信仰形式一直流传到了现在。目前我认为应该关注的地方,在于其祭祀的大物主神是出云系的神。为何出云神会出现在大和?

第二,是出云国造从8世纪开始远赴朝廷上奏的神贺词中,贡置的"皇御孙命之近守神"都是三轮山大神神社、葛城高鸭神社等出云系神明。那是当然,出云国造口中守护大和朝廷的神,如果是与出云无关的神明,那对接受方来说就没有意义了。这些神之所以能够成为守护神,完全是因为他们在大和朝廷出现以前就存在于大和。

第三,《魏志·倭人传》中记载的倭女王——邪马台国卑弥呼之名完全没有出现在《古事记》和《日本书纪》中。关于这点的探讨已在正文中进行过。实际上,《日本书纪》的编纂者熟知《魏志·倭人传》的内容和卑弥呼的存在。尽管如此,他们却没有提到卑弥呼的名字。那是因为卑弥呼与大和朝廷没有关系,不应该出现在大王,即天皇家的皇统谱上。因此,邪马台国与大和朝廷并无关联,也并非其前身。

出云与大和

综合来看以上三个主题，可以说明什么呢？那就是邪马台国乃出云势力建立起的国家。

这一结论连我自己都很难相信，可是当我带着这一假说展开探讨时，它渐渐成了没有质疑余地的结论。不仅如此，我目前还认为，只要正视出云的存在及其作用，自然就能推导出这个结论。通过解读《魏志·倭人传》发掘出的邪马台国"四官"体制，便是邪马台国由出云联合势力创造而成的最有力证据。

我在写作本书时，拆解了以往的古代史理解框架，劝说自己从通说和定论中跳脱出来，并以这种姿态投身于研究之中。为此，我还不惜涉足了被我这一代人视为禁忌的神话传说领域。带着这样的思想准备开始研究之后，大国主神所象征的出云世界地平线就在我眼前渐渐展开，让我看到了丰富多彩的时空。

当然，我很清楚本书的研究不够完善，但若能借此激起人们的热烈探讨，便是一桩无上的幸事。

本书原本将题名定为《宫都的风景》，而我在讲述宫都的原貌时，常常不满足于借用《魏志·倭人传》对卑弥呼王宫的描述（居处宫室楼观，城栅严设，常有人持兵守卫），在进一步深入了《魏志·倭人传》的世界时迷失了方向。负责编辑的平田贤一先生每两三个月跟我碰面

后 记

一次，每次我都像研讨会的学生一样向他汇报这些经过和进展，如今我十分怀念当时的光景。

有件事我必须感谢平田先生，那就是为我起了合适的小标题。虽然这不是一个作者应该说的话，但我也是在小标题的引导下，才能倍感安心地继续阅读正文。在此，我要向他的协助表示由衷的感谢。

我年轻时就坚信历史必须是风土记，所以背着相机走过了许多地方。这次能够采取同样的方法，让我打从心底里感到快乐。其间提供协助之人无法一一记名，但我还是要向这些人士表示衷心感谢。

平成二十五年（2013）恰逢出云大社六十年一度、伊势神宫二十年一度的迁宫。此书能在这一年出版，想必是一种缘分。如果读者能够通过此书了解到出云大社与伊势神宫创建的背景，我将感到万分荣幸。

2012 年 12 月

村井康彦

年　表

公历年份	对外关系动向	国内动向
BC	倭人分百余国，一部分到乐浪郡朝贡。	方形周沟墓、贴石墓出现。四隅突出墓开始出现。
AD 57	倭奴国王获东汉光武帝所赐金印。	荒神谷遗迹、加茂岩仓遗迹的青铜器入土。
107	倭国王帅升等人进献生口一百六十人。	
239	倭女王卑弥呼遣使魏国。魏明帝封卑弥呼"亲魏倭王"号，赐金印紫绶、铜镜百枚等物。	营造西谷2号墓、3号墓，仲山寺9号墓等大型四隅突出墓。
248	这段时期前后，卑弥呼卒。*《魏志·倭人传》相关年表参见表3。	"神武东征"可能在这一时期开始。神武遭到长髓彦反击，陷入苦战。饶速日命归顺神武。神武于橿原宫即位。崇神天皇即位，迁都矶城瑞篱宫。这一时期开始瘟疫横行。将天照大神祭祀于倭笠缝邑。
266	倭人遣使西晋。	

· 274 ·

续表

公历年份	对外关系动向	国内动向
		以大田田根子为神主,奉祭大物主神。 这一时期派遣四道将军。 出云饭入根献上神宝。 其兄振根将其杀死,后被朝廷诛杀。 垂仁天皇即位,移居缠向珠城宫。 沙本毗古与皇后沙本毗卖谋反。 本牟智和气御子赴出云拜祭大神。 倭姬命巡行,奉祭天照大神于伊势。 景行天皇即位,移至缠向日代宫。 倭建命西征、东征,死于能烦野。 应神天皇即位,移至轻岛明宫。
372	百济肖古王赠倭王七支刀。	
382	倭国派葛城袭津彦与新罗交战。	天皇停留在难波大隅宫,让兄媛返回吉备(→参见表5)。
391	倭军进攻百济、新罗。	仁德天皇即位,迁难波高津宫。
400	与高句丽好太王交战,倭军败。	天皇整备难波津。 吉备黑日卖因皇后嫉妒返回吉备。
404	出兵带方郡,被高句丽击退。	天皇前往吉备与黑日卖见面(→参见表5)。
471	稻荷山古坟的铁剑上可见获加多支卤大王之名。	这一时期,各地开始营造前方后圆坟。 这一时期,大和朝廷基本统一日本。

(倭五王时代)

出云与大和

公历年份	和历纪年	国内动向
507	继体元年	应神天皇第五世孙男大迹王自越前三国而来,在河内樟叶宫即位。
527	二十一年	筑紫国造磐井之乱。
538	宣化三年	百济圣明王献上佛像与教论。
552	钦明十三年	百济圣明王献上佛像与教论。崇佛、废佛论争开始。
577	敏达六年	百济威德王献上经论、律师、比丘尼、造佛工、造寺工《日本书纪》。
587	用明二年	苏我马子灭物部守屋。
588	崇峻元年	百济献佛舍利、僧、寺工、炉盘博士、瓦博士、画工。
593	推古元年	圣德太子摄政。
596	四年	飞鸟寺竣工。
603	十一年	从丰浦宫迁至小垦田宫,定冠位十二阶制。
607	十五年	派遣小野妹子等人为遣隋使。
608	十六年	隋裴世清来朝。
620	二十八年	编纂天皇记、国记。
624	三十二年	苏我马子请封葛城县,天皇不准。
630	舒明二年	派遣犬上御田锹等人为遣唐使。
642	皇极元年	苏我虾夷在祖庙葛城修建高宫,行八佾之舞。
643	二年	天皇迁至飞鸟板盖宫。
645	大化元年	乙巳之变,皇极退位,孝德天皇即位。
646	二年	颁布大化改新之诏、薄葬令。
649	五年	苏我仓山田石川麻吕因被疑谋反,在山田寺自尽。
653	白雉四年	中大兄皇子与孝德天皇不和,将天皇留在难波长柄丰崎宫,返回飞鸟。
655	齐明元年	齐明天皇即位。
656	二年	齐明大兴土木,受到民众批判。

年 表

续表

公历年份	和历纪年	国内动向
658	四年	皇孙建皇子去世。
659	五年	令飞鸟京内各寺讲盂兰盆经。 命出云国造修严神宫。
661	七年	赶赴西部救援百济。 天皇卒于朝仓宫。
663	天智二年	白村江之战。
667	六年	迁都近江大津京。
669	八年	授中臣镰足大织冠与大臣位,赐姓藤原。
670	九年	法隆寺完全烧毁。
672	天武元年	壬申之乱,大海人皇子遥拜天照大神。 修建飞鸟净御原宫。
673	二年	令大来皇女在泊濑斋宫斋戒(翌年前往伊势神宫)。
681	十年	命川岛皇子等人修帝纪及上古诸事。
686	朱鸟元年	天武天皇卒,皇后鸬野称制(代行天皇权)。
689	持统三年	天皇行幸吉野宫(后又三十一次行幸)。 皇太子草壁皇子卒。
690	四年	皇后即位。
692	六年	三轮高市麻吕劝谏天皇伊势之行。
694	八年	迁都藤原京。
697	文武元年	持统天皇让位,皇太子轻皇子即位(文武天皇)。
698	二年	限藤原姓于不比等一支,其他改中臣姓。
701	大宝元年	制定《大宝律令》。
703	三年	各国郡司任用之诏。 将持统天皇合葬于天武天皇陵。
706	庆云三年	出云国造出任意宇郡大领。
710	和铜三年	迁都平城京。

277

出云与大和

续表

公历年份	和历纪年	国内动向
712	五年	太安万侣撰《古事记》并将其献上。
713	六年	命各国撰风土记并将其献上。
716	灵龟二年	出云国造果安上奏神贺词。
720	养老四年	舍人亲王撰《日本书纪》并将其献上。
724	神龟元年	出云国造广岛上奏神贺词。
729	天平元年	圣武天皇夫人藤原光明子立后。
733	五年	《出云国风土记》完成。
741	十三年	各国建国分寺、国分尼寺之诏。
743	十五年	颁布《垦田永年私财法》。
752	天平胜宝四年	大佛开眼供养。
757	天平宝字元年	施行《养老律令》。
766	天平神护二年	道镜成为法王。
769	神护景云三年	和气清麻吕报宇佐神宫之神谕。
784	延历三年	迁都长冈京。
785	四年	藤原种继遭暗杀。
789	八年	阿弖流为大败虾夷征讨军。
794	十三年	迁都平安。
798	十七年	出云国造解任意宇郡大领。
810	弘仁元年	藤原药子之变(还都平城京失败)。设贺茂斋王(斋院)。
815	六年	进献《新撰姓氏录》。
833	天长十年	进献《令义解》。
868	贞观十年	进献《令集解》。
927	延长五年	进献《延喜式》。

* 年表中倭五王时代之前的日本国内动向,也包含内文中所记之事,谨供参考。

索　引

あ行

葵祭（葵神事） 176

青木遗迹 79

赤坂今井方形墓 16，82～84

秋津遗迹 17，112，178，179，184

朝熊神社 17，51，53，162

朝山神社 72～74

味锄高彦根神［阿迟须枳高日子（根）神］ 50，55，58，75，130，171，175，176，179，180，251，255

苇原丑男（苇原色许男） 28，38～40，54，219

苇原中国 29，32，33，39～41，69，77，141，200，205

热田神宫 151

天津瑞 132，142

天照大神 52，141，143，151～154，156～160，164，214，265，274，275，277

天照国照彦天火明栉（奇）玉饶速日命（尊） 47，49，167

天岩户 152，156

天磐船 45，48，50，65，129，132，144，167

海部氏 47～50，84，150，156，157，160，166～169，173，176，182，184，187

《海部氏系图》 167，184

阿弥大寺坟丘墓 87

出云与大和

安康天皇　185

饭石郡　69，70

家之上遗迹　66

一支（壹岐）国　94，96 97

生驹山　110，129，133，134

伊奘诺神社　17，133

石切剑箭神社　129，133

石宫神社　15，58

出云臣果安　204，207，209，213～216，241，242，278

——广嶋　204，205，216，242

出云郡　55，75，76，222，241

出云国造　13，18，20，54，55，61，66，67，75，77，113，131，176，199～212，215～217，219～221，223，224，226，227，234，235，237，238，240～243，271，277，278

《出云国造神贺词》　176，207

出云国厅遗址　18，203

出云氏　187

出云式狛犬　18，245

出云神话　27，42，68，200，206，213，217

出云族　64，65，146，147，149，169，170，181，182，250

出云大社（杵筑大社）　6，7，9，53，57，71，75，141，146，164，165，175，201，211，214，215，225，227，232～234，240，241，270，273

出云大神宫　15，43，50，267

出云建命　90

《出云国风土记》　12，18，55，57～62，65～68，70，72，74，75，77，176，177，203～206，208，216，217，221，222，224，234，278

出云振根　175，221

《伊势国风土记》　89

伊势神宫　13，52，53，146，

280

索 引

154，157~160，162~165，
214，225，239，273

伊势津彦　89，90，162

石上神宫　130，187，188

石上布都魂神社　18，247

一大率　96，98~100

一宫神社　267

伊都国　97~102，108，120，
121，126

伊福部氏　173

言屋社　226，227

壹与　20，119~126

石碽曾宫　54

磐座　12，15，16，19，26，
27，40，42~46，49~61，
63，65，74，84，88，89，
162，164，180，205，215，
220，226，247，254~256，
266

——信仰　26，40，43，51，
65，74，89，164，256

磐船街道　44，133

磐船神社　15，44~48，50

岩屋神社　16，62，64

忌部氏　208，209

——子首　208，209

——广成　208

印镒社　4，97

打出之小槌　19，267，268

宇都志国玉神（显国玉神）
38~40

温罗（传说）　194，196，
197

云太、和二、京三　234

役小角　179

生石村主真人　63

小市岗上陵　230

御出祭→平国祭

意宇郡　59，75，76，201~
203，205，208，214~217，
221，226，227，235，241~
243，277，278

——大领　201~205，208，
216，234，235，241，242，
277，278

——根据地说　217

出云与大和

应神天皇 188，191，275，276

大国玉神 39，40

大国主神 9，10，12，20，26，28，29，32~35，38~42，44，50，53，54，57，66，68~70，72~77，88，90，141，143，144，164，170~173，175~177，182，200，201，205，210，211，213~215，217，219，220，232，233，238，240，241，243，249~252，257，258，260，262~264，267，268，272

大田田根子（意富多多泥古） 148，149，178，275

大汝 63，172，237，238

大穴牟迟神 20，29，38，39，68，143

大己贵神（命） 2，26，30，31，33，39~42，53，64，65，76，170~173，247~252，255，256，258，262~267

大穴持像石神社 19，260

大名持命 1~3，9，10，210，211

太安万侣 34，216，278

大庭（宅邸） 241，242

大原郡 68，70，75，241

大船山 58

大神氏 112

大神朝臣狛麻吕 43

大神神社 9，26~28，40，41，43，50，113，146，147，178，262，267，271

大物主神（命） 2，9，10，24，26~28，39~44，146~149，178，211，255，271，275

御师 165

小羽山30号墓 16，82，87

尾张氏 49，150，151，166，169，173，179，182，187

索 引

か行

镜作坐天照御魂神社 17，155，156

橿原宫 130，146，274

葛城氏 13，183～187

葛城袭津彦 183，185，189，275

葛城圆大臣 185

葛木御岁神社 51，177，184

葛城山 16，17，93，113，136，178，179

神在月 6，146

上贺茂神社 50，176，177，180，239

神谷神社（神谷太刀宫） 245，265，266，270

上奏神贺词 66，113，206～217，236，278

神倭磐余彦 89

龟冈祭（山车祭） 261，262，267

加茂岩仓遗迹 60，61，75，270，274

迦毛大御神 50，171，175，176，251

贺茂斋王（斋院） 239，278

鸭氏 112，130，175，176，179～182，184

鸭都波神社 17，172，178，184

鸭都波遗迹 184

伽夜奈流美神社 18，113，211

唐古-键遗迹 16，106～108，190

河内王朝 189

川俣神社 18，113，211

环濠集落 17，95，100～102，106，107，111

《堪注系图》 47，48，150，156，167，169，172，174，175，182

神门郡 70～73，75，220，221

神门臣古祢 222，223

神门水海 71

283

出云与大和

神奈备山（神名火山） 9，26，55，56，75，88，203，217，241

桓武天皇 236，239

《魏志·倭人传》 20，94，96，98，99，102，104，108，112，113，115～120，122～127，267，271，272，274

木（来）次（乡） 66～69，76，77，210，241

杵筑大社→出云大社（杵筑大社）

城名樋山 68

鬼城 17，195

伎比佐加美高日子命 55，75

岐比佐都美 54，55，219，220

吉备（国） 159，190，191

吉备式土器（特殊器台）

吉备津神社 17，194

吉备津彦（命） 195～197

日下江 129

药子之变 239，278

《百济记》 183，184

国司神社 18，19，246，248～253，255～257，263，267，268

国主神社 18，249～252

让国 13，32，52～54，76，77，90，132，140～142，166，187，200，211，213，219，225，232，233

熊野大神 59，201，210，213～215，238，243

熊野大社 13，15，18，59，199，201，213～215，217，226，227，242，243

——钻火殿 243

熊野山 59，215

久美浜（湾） 267

狗奴国 118，123，127

锹山神社 262，267

郡家 203，242

郡司 201，202，204，205，216，235，240～242，277

气多大社 19，257，258

284

索 引

牵午子塚古坟　230，231

荒神信仰　146

荒神谷遗迹　75，223，270，274

《皇太神宫仪式帐》　158

江之川　64，87

国厅神社　5，6

国府　3，97，192，203

《古语拾遗》　208

越（高志）　29，40，76，83，86，88，149，226

《古事记》　12，14，20，27～29，31～35，38，39，48，53，68，88，90，110，115，128，130，132，142，143，146，151，164，171，176，177，190，191，200，205，209，216，219，220，232，233，258，271，278

御所　50，51，110，112，131，137，138，146，169，172，177，183，184，186

言社　17，181

琴引山　57

笼神社　47～50，84，156，160，166，167，176

权现山遗迹　84～86，266

さ行

斋王　164，239，278

狭井川　147

狭井神社　27，147

齐明女帝　117，233，234，241

齐明陵　18，230

幸魂奇魂　30，31

樱井　16，24，93，102，110，131，132，136，138，140，169

佐手依姬命　175

三角缘神兽镜　154，155，184

志都石室（岩屋）　64，87

下光比卖命　171

四道将军　149，150，191，192，196，275

持统女帝　228

· 285 ·

出云与大和

信浓　88～90，162

《时范记》　5

下鸭神社　17，176，180，181，239

社殿祭祀　41，164，226，255，256

社日　19，264～266

顺安原遗迹（1号墓）

巡拜　4，5，7

神功皇后　115～117，124，125，183，188

《晋书》　123，125

《新撰姓氏录》　49，133，167，169，173，175，180，192，222，223，278

心御柱　165

神武天皇　104，147

神武东征　13，48，90，104，126～128，134，180，189，274

垂仁天皇　53，88，109，110，147，149，157，164，190，219，222，232，275

末永雅雄　107

须我神社　16，61

杉谷4号墓　86

少彦名神　28，32，34，173，255，258，260，265

宿那彦神像石神社　19，260

须佐之男命（须佐之男）　29，38～40，61，143

崇神天皇　109，110，147～149，154，191，195，221，274

须势（世）理姬命　1，2，9，29，33，38，72，143

制铁（集团）→制铁业

《先代旧事本纪》　47，49，142，144，166，167，169，171，172，182

前方后圆坟　24，80，84，190，193，194，275

总座　6，7

总社　7，8，15

总社宫　1，2，9，10，15

添御县坐神社　17，133，135，

286

索 引

137

苏我氏 185～187

——入鹿 186，228

——马子 185，276

——虾夷 186，276

——仓山田石川麻吕 228，276

曾枳（支）能夜神社 55，57，75，219

た行

带方郡 98，99，115，118，120～124，275

高尾张（邑） 137，138，169，179，184

高鸭神社 17，50，51，113，130，172，176～179，184，239，251，271

高千穗峰 141

高照姬命 171，177

多岐津（都）姬 170，171

武乳速命 133，134

武内宿祢 185

建部 18，223，224

健部乡 75，222，223

建御名方神 90

建皇子 18，227，228，230，232～234，241，277

大宰府 99

制铁 51，70，84，175，177，197，247，250～252，256，257，263

楯筑遗迹 17，196

玉汤町 76

田原本町 17，106，111，114，145，155，190

丹波（丹后） 43，44，47～50，82～88，104，147～150，159～161，166，172～173，179，193，194，197，261，262，266，267

丹波道主命 150

张政 118～121，123，124

筑紫 128，175，221，276

作山/造山古坟 193

对马国 96，97

· 287 ·

出云与大和

制铁业（制铁集团） 51，70，175，177，247，250～252，256，257，263

天神、地祇 148，237

天孙降临 141，153，154，170

天智天皇 228

天武天皇 35，187，228，277

东西十九社 6

投马国 102～104

十种神宝 142～144，148，157，187

外山 136

富雄（川） 133，137，145

登弥神社 17，133

丰受大神 159，214

丰锹入姬命 20，153，159～161，163

な行

永（长）江山（的稚儿岩） 62，63

中鸭社→葛木御岁神社

长髓彦 48，128，129，131～137，140，144，146，274

中臣氏 208～210

——意美麻吕 209

中西遗迹 178，184

中山神社 18，246～248

难波津 189，190，275

滑狭乡 72

双墓 186

难升米 120～123

饶速日命 17，45，47，48，65，129，130，132，133，136，140～146，148，166～170，173，274

西谷 2 号墓（3 号墓） 37，80，82，83，90，91，270，274

二上山 114

仁多郡 65，70

日本海文化圈 80

《日本书纪》 12，14，27，29，31，32，34，35，39，45，48，115～118，124，

288

125，127，128，130，136，
142，144，148，153，157～
159，164，169，175，183，
185，190，191，200，205，
209，216，221，222，225，
228，229，232，233，271，
276，278

仁德天皇　183，189，191～
193，275

沼河比卖　29，40，88，90

は行

箸墓古坟　24，148

御肇国天皇　147

埴轮　190

拜志乡　76

《播磨国风土记》　172

原之辻遗迹　16，94，95，97，98

斐伊川　54，65，68，70，71，77，217，219～221，241

翡翠　88，108

继火仪式　243

桧原神社　147

卑弥呼　20，24，82，98～
102，105，106，108，109，
111～127，131，145，154，
155，188，271，272，274

比卖多多良伊须气余理比卖　146

平原遗迹　16，100

中央地沟带　89

藤祭　176

佛经山　15，16，55～57，65，
71，75，88，217，219，
220，223，224，241

不弥国　97，102，103

迁都平安京　105，216，236，239，278

平国祭（御出祭）　257～260

（彦）火明命　17，47，48，50，155～157，167，168，170

保乃加社　220

本牟智和气御子　18，53，55，
56，88，164，219，220，
222，228，232，233，275

出云与大和

ま行

缠向遗迹 15，24，25，102，106

真名井神社 15，49，84，160

眉轮王 185

《万叶集》 63，65

三泽乡 65

御岁神社 51，171，172，177，178，184

宫座山 19，254～256

美夜受比卖 150，151

宫山古坟（室区） 183，184

宫山坟墓群 91

三轮山（三诸山） 9，23～35，40～43，51，53，56，110，131，145～149，255，261，262，271

妻木晚田遗迹 78，81～83

陆奥国总社 16，78，81～83

宗像氏 175

栋持柱 17，139，165

元出云 44，267

物部氏 48，112，129，142，144，147，148，166，168，173，179，182，187

——麻吕 43

桃太郎 194，196，197

母理乡 62，76，77，205

や行

馆侍 5

八咫乌 130，180

矢田坐久志玉比古神社 17，145

矢谷1号墓 81，87

八千戈神 39

矢野遗迹 71

八野乡 71，72

八野神社 71，72

矢柜神社（遗址） 16，60

山城鸭氏 179，181，182

邪马台国 13，17，24，25，93，96，99，101～106，108～116，118，126～129，131，136，138，140～142，144，146，155，165，183，184，189，

190，271，272

——畿内说　102

——九州说　101，102

——－大和朝廷非连续说　114，115，118

——－大和朝廷连续说　114

——四宫　108～111，128，138，272

大和王权（朝廷）　25，32，35，66，77，80，84，88，113～115，117，118，128，132，141，144，146，148～151，155，159，163，164，166，175，179，188～190，194，195，197，200，205，208，212，219，221，223，224，232，237，267，270，271，275

倭建命　105，149～151，191，220，222，223，275

倭迹迹日百袭姬　24，148

倭姬命　20，52，150，157～164，275

——倭姬命的巡行　159～161

《倭姬命世记》　52，158，159，163，164

大和（奈良）盆地　24，105～109，111，113，114，130～132，136，189，236

盐冶乡　221

雄略天皇　159，185，187，188

吉野里遗迹　16，94，97，101，102

四隅突出墓（四隅突出型坟丘墓）　37，64，77～91，193，194，257，266，270，274

ら・わ行

律令国造　202

龙王山　17，114

《令义解》　237，278

《令集解》　237，278

六所神社　203

和珥氏　169，182

291

图书在版编目(CIP)数据

出云与大和：探寻日本古代国家的原貌／（日）村井康彦著；吕灵芝译. -- 北京：社会科学文献出版社，2020.9
ISBN 978-7-5201-5995-1

Ⅰ.①出… Ⅱ.①村…②吕… Ⅲ.①古国-历史-研究-日本 Ⅳ.①K313.2

中国版本图书馆CIP数据核字（2020）第011930号

出云与大和
——探寻日本古代国家的原貌

著　　者	／〔日〕村井康彦
译　　者	／吕灵芝
出 版 人	／谢寿光
责任编辑	／沈　艺
文稿编辑	／顾明源
出　　版	／社会科学文献出版社·甲骨文工作室（分社）(010)59366527 地址：北京市北三环中路甲29号院华龙大厦　邮编：100029 网址：www.ssap.com.cn
发　　行	／市场营销中心（010）59367081　59367083
印　　装	／三河市东方印刷有限公司
规　　格	／开　本：889mm×1194mm　1/32 印　张：9.125　字　数：168千字
版　　次	／2020年9月第1版　2020年9月第1次印刷
书　　号	／ISBN 978-7-5201-5995-1
著作权合同登记号	／图字01-2019-2600号
定　　价	／59.00元

本书如有印装质量问题，请与读者服务中心（010-59367028）联系

▲ 版权所有 翻印必究